W0188765

Matthias Rüb

Gott regiert Amerika

Religion und Politik in den USA

Paul Zsolnay Verlag

1 2 3 4 5   12 11 10 09 08

ISBN 978-3-552-05445-5
© Paul Zsolnay Verlag Wien 2008
Satz: Eva Kaltenbrunner-Dorfinger, Wien
Druck und Bindung: CPI – Ebner & Spiegel, Ulm
Printed in Germany

Gott regiert Amerika

Religion und Politik in den USA

Gottes eigenes Land

Einblicke und Aussichten

Nach den bitteren Niederlagen bei den Präsidentenwahlen von 2000 und 2004 gegen George W. Bush haben die Demokraten ihre Lektion gelernt: Man kann die christlichen, zumal die evangelikalen Wähler nicht einfach rechts liegenlassen. Sonst bleiben sie für immer fest im Lager der Republikaner. Und gegen die etwa dreißig Millionen Wählerstimmen der »wiedergeborenen« Christen vor allem im »Bibelgürtel« der Südstaaten kann man keine Präsidentenwahl gewinnen. Bush vermochte seinen Stimmenanteil bei den Evangelikalen, deren Wahlbeteiligung meist höher ist als die anderer Wählergruppen, von gut drei Viertel im Jahre 2000 auf knapp vier Fünftel im Jahr 2004 zu erhöhen: Die Königsmacher im Duell mit Al Gore sicherten dem »wiedergeborenen« Christen Bush vier Jahre später auch die deutliche Wiederwahl in der Auseinandersetzung mit John Kerry.

Im Wahljahr 2008 haben sich deshalb alle Präsidentschaftskandidaten sichtlich bemüht, ihre religiösen Überzeugungen und ihre persönliche Beziehung zum Allmächtigen herauszustreichen. Der Republikaner John McCain hatte schon im Mai 2006 in einer Art Canossa-Gang zur evangelikalen Liberty University in Lynchburg im Bundesstaat Virginia deren Gründer Jerry Falwell um Versöhnung gebeten – und diese wurde dem reumütigen Sünder nicht nur gewährt, sondern sogar mit einer Ehrendoktorwürde verziert. Sechs Jahre zuvor, im Vorwahlkampf gegen den später siegreichen Kandidaten George W. Bush, hatte Mc-Cain den Baptisten-Prediger Falwell und andere Führer der christlichen Rechten wie den »Televangelisten« Pat Robertson noch als »Förderer der Intoleranz« gebrandmarkt. Gerade weil der eigenwillige McCain wusste, dass er für die Evangelikalen unter den republikanischen Kandidaten für 2008 nicht die erste Wahl war – die hätten lieber den Baptisten-Prediger Mike Huckabee oder sogar den Mormonen Mitt Romney als Kandidaten gesehen –, eilte er von Altar zu Altar von Kotau zu Kotau.

Auch bei der Vorausscheidungsschlacht epischen Ausmaßes zwischen Hillary Clinton und Barack Obama war viel vom Glauben der Kandidaten die Rede. »Ich denke nicht, dass ich meinen Lebensweg ohne die Verankerung in Gottes Gnade und ohne das Wissen um Vergebung und bedingungslose Liebe hätte gehen können«, sagte Hillary Clinton bei einem Kandidatenforum des christlichen »Messiah College« in Grantham (Pennsylvania) im April 2008 zum Thema »Glaube im öffentlichen Leben«. Und Barack Obama ließ sich an gleicher Stelle mit folgenden Worten vernehmen: »Religion ist ein Bollwerk, ein Fundament, wenn andere Dinge nicht in die richtige Richtung gehen. Das trifft auch für mein eigenes Leben zu, in Drangsal und Versuchung. Ich bin ein frommer Christ.« Es ist zudem kein Zufall, dass die Auseinandersetzung um Obamas überwiegend schwarze Kirche »Trinity United Church of Christ« und um deren umstrittenen Pastor Jeremiah Wright die Wahlkampagne Obamas in deren schwerste Krise stürzte. Erst nach langem Zögern trat Obama aus der Kirche aus und brach mit seinem langjährigen geistlichen Mentor, der ihn und seine Frau Michelle getraut, die beiden Töchter getauft und über Obamas Wahlkampfauftakt seinen Segen gesprochen hatte.

Der Kampf um die Stimmen der Evangelikalen und der Christen überhaupt zeigt, wie bedeutsam die Rolle des christlichen Glaubens und der Religion im Ganzen in der Geschichte und der Gegenwart der Vereinigten Staaten ist. Anders als in den modernen Industrie- und Dienstleistungsgesellschaften Europas floriert in den USA das religiöse Leben: Die von Karl Marx über Emile Durkheim bis zu Max Weber vertretene These von der Parallelentwicklung der Modernisierung und der Säkularisierung einer Gesellschaft trifft auf die USA jedenfalls nicht zu. Amerika ist das bei weitem religiöseste Land unter den entwickelten Demokratien, und das religiös vielfältigste und dezentralisierteste dazu. Dass in Amerika auch der Markt für Glaube und Religion kaum reguliert ist, führt zu einer ständig wachsenden Angebotspalette, auf welche der spirituelle Konsument zurückgreifen kann: Konkurrenz belebt auch das geistliche Geschäft, zumal es immer und überall tolle Sonderangebote gibt.

Die Metapher vom Kunden auf religiöser Einkaufstour ist keineswegs übertrieben. Eine umfassende Studie des Pew Forum on Religion & Public Life vom Februar 2008, die auf der Befragung von mehr als 35 000 Amerikanern beruht, kommt zu dem Ergebnis, dass sich 41 Prozent der Erwachsenen zwischen 21 und 44 Jahren erst nach einer ausgiebigen Shoppingtour für eine Kult- oder Gottesdienststätte entscheiden. Und wenn sie sich entschieden haben oder wenn sie durch Familientradition in eine Kultstätte hineingewachsen sind, bedeutet dies noch lange nicht, dass sie dort auch bleiben. 28 Prozent der zirka 225 Millionen erwachsenen Amerikaner haben sich von der Religion oder Konfession ihrer Kindheit abgewendet, sind etwa vom Judentum zum Christentum – oder umgekehrt – übergetreten, haben den Schritt von einer christlichen Konfession oder Denomination zu einer anderen gemacht.

Nur 7,3 Prozent der Kinder in den USA wachsen gemäß der Umfrage in Familien »ohne Religion« auf, während sich unter den Erwachsenen immerhin 16,1 Prozent keiner religiösen Gemeinschaft zurechnen. Als Atheisten und Agnostiker beschreiben sich nur 1,6 Prozent beziehungsweise 2,4 Prozent, während 12,1 Prozent keine präzisen Angaben machen wollten. Insgesamt 78,4 Prozent der Menschen in den USA sehen sich einer der zahlreichen christlichen Kirchen zugehörig. 4,7 Prozent bekennen sich zu anderen Religionsgemeinschaften – vom Judentum über den Islam bis zu Hinduismus, Buddhismus und Sufismus, sie gehen in Sikh- oder Jain-Tempel, kommen zu Andachts- und Meditationskreisen der Wicca oder von New-Age-Religionen zusammen, verschreiben sich der Scientology-Kirche. Die Wochenzeitung *U.S. News & World Report* ist in einem im Frühjahr 2004 veröffentlichten Dossier zu dem Ergebnis gekommen, dass es in den USA mehr Kirchen, Synagogen, Moscheen und Tempel pro Einwohner gibt als in jedem anderen Land der Welt: Durchschnittlich kommt ein Gotteshaus auf 865 Einwohner. Das »Jahrbuch amerikanischer und kanadischer Kirchen«, die maßgebliche statistische Quelle für alles Christliche in Amerika, erfasst in der Ausgabe für das Jahr 2006 in den USA insgesamt 220 Kirchen mit 163,5 Millionen Gemeindemitgliedern. Etwa neunzig Milliarden Dollar Spenden gehen jährlich an Tausende von Religionsgemeinschaften und Gotteshäuser – vom traditionellen Zehnten, den Gemeindemitglieder an ihre Kirchen,

Synagogen, Moscheen und Tempel geben, bis zu Spenden für karitative oder missionarische Zwecke.

Von dem englischen Schriftsteller Gilbert Keith Chesterton ist aus dem Jahre 1922 das bis heute gültige Wort überliefert, wonach Amerika »eine Nation mit der Seele einer Kirche« sei. Die schon 1787 von der Verfassung errichtete Mauer zwischen Kirche und Staat hat zu dem scheinbar paradoxen Ergebnis geführt, dass die fast vollkommen ungehinderte Ausübung des Glaubens einen gleichbleibend hohen Einfluss religiöser Überzeugungen auf politische Entscheidungen garantiert. Und das ist nach Ansicht der meisten Amerikaner auch gut so: In Umfragen äußern fast sechzig Prozent die Ansicht, es sei wichtig, dass ihr Präsident an Gott glaube und tief religiös sei.

Ohne eine Vorstellung von der Bedeutung der Religion in der historischen Entwicklung und gegenwärtigen Verfasstheit Amerikas ist ein Verständnis des Verhaltens der einzig verbliebenen Supermacht in der Welt von heute nicht möglich. Nur dank der ursprünglich religiösen, nämlich judeo-christlich motivierten Überzeugung, ein auserwähltes Volk zu sein und die eigenen Werte von Freiheit und Demokratie in einer Art Weltmission über den Erdball verbreiten zu müssen, konnten die USA im 19. und im 20. Jahrhundert eine welthistorisch so entscheidende Rolle spielen. Nur aus dem Bewusstsein heraus, auf einer Mission zu sein, konnten die USA das Gesicht Europas, Nordamerikas und Asiens verändern. Dieser Impuls ist im Zeitalter der Globalisierung und des radikalislamischen Terrorismus keineswegs gebrochen. Der stetig steigende amerikanische Verteidigungshaushalt, der im Haushaltsjahr 2008 auf mehr als 482 Milliarden Dollar kletterte – die gesondert ausgewiesenen Kriegskosten für den Irak und Afghanistan schlagen mit weiteren fast 142 Milliarden Dollar zu Buche –, legt davon beredtes Zeugnis ab: Der mächtige Glaube braucht auch ein mächtiges Schwert.

Was folgt außerdem aus der Vitalität des religiösen Lebens in den USA für die Rolle Amerikas in der Welt zu Beginn des 21. Jahrhunderts? Wie ist das gottnahe Amerika im Vergleich zum gottfernen Europa zu Beginn einer Epoche aufgestellt, in welcher die Religion in der islamischen Welt ungebrochen wirkmächtig ist und darüber hinaus auch anderswo auf dem Globus eine Renaissance erlebt? Welche Bedeutung schließlich haben religiöse Überzeugungen für die innere Verfasstheit der amerikanischen Gesellschaft?

Wer sich auf eine Reise durch das vitale und bunte religiöse Leben der USA begibt, bekommt sublime Höhen wie gewöhnliche Tiefen zu sehen; begegnet dem Erhabenen und dem Skurrilen; darf vollkommene Stille erleben und muss ohrenbetäubenden Lärm erleiden. Der Anspruch kann nicht enzyklopädisch, nicht einmal repräsentativ sein. Schon innerhalb der Religionen und Konfessionen gibt es Widersprüche und gegenläufige Bewegungen. Bei den protestantischen Kirchen, so zeigt seit Jahren jede neue Lieferung des »Jahrbuchs amerikanischer und kanadischer Kirchen«, verlieren die sogenannten »Mainline«-Kirchen wie Presbyterianer, Methodisten und Lutheraner an Mitgliedern, während die charismatischen Pfingstbewegungen der Weißen wie der Schwarzen und vor allem die konfessionell nicht gebundenen evangelikalen Megakirchen weiter Zulauf haben. Die Zeugen Jehovas und die Mormonen wachsen ebenfalls. Den stärksten Rückgang um vier Prozent auf jetzt 2,2 Millionen Mitglieder musste die anglikanische Episkopalkirche hinnehmen, die wegen des Streits um den homosexuellen Bischof Gene Robinson faktisch auf ein Schisma zusteuert.

Wenn auf den Pfingstlern und den charismatischen Predigern, auf den »Televangelisten« und den Megakirchen das Hauptaugenmerk liegt, dann nicht deshalb, weil diese etwa schon die Mehrheitsströmung im protestantischen Amerika repräsentieren würden. Aber sie dürften mit ihrer kundenfreundlich und bedarfsgerecht zugeschneiderten Botschaft die Zukunft des amerikanischen Protestantismus verkörpern.

In der katholischen Kirche, vom Missbrauchsskandal trotz milliardenschwerer Schadenersatzzahlungen zwar nicht in ihren finanziellen, wohl aber in ihren spirituellen Grundfesten erschüttert, ringen die liberalen Nachfahren der europäischen Einwanderer im Nordosten mit den konservativen Neuankömmlingen aus der hispanischen Welt im Südwesten um Einfluss und Definitionsmacht. Selbst die äußerst straff organisierten Mormonen haben immer wieder Ärger mit einer fundamentalistischen Mormonen-Sekte, deren selbstherrlicher Prophet Warren Jeffs partout nicht von der Praxis der Polygamie lassen will.

Bei den Juden stehen sich liberale und ultraorthodoxe Strömungen seit Jahr und Tag stumm und staunend gegenüber, während die Orthodoxen in der Mitte zwar beide Seiten verstehen, aber keinen Dialog erreichen können. Unter den Muslimen Amerikas zeichnet sich eine Verschmelzung der beiden Hauptströmungen ab: Die einheimischen schwarzen Konvertiten schließen sich in immer größerer Zahl der globalen muslimischen Ummah an, zu welcher selbstredend auch die eingewanderten arabischen und asiatischen Muslime gehören. Und während sogar Louis Farrakhan seine einst grimmig separatistische schwarze »Nation of Islam« Schritt für Schritt in den sunnitischen Mainstream integriert, machen sich die Muslime Amerikas daran, trotz Terrorangst und Krieg in Nahost das nächste Kapitel einer geglückten Integration ins Einwandererland Amerika zu schreiben.

Das Wachstum der asiatischen Religionen wird durch religiös-kulturelle Rückbesinnung früherer Einwanderergenerationen, vor allem aber durch anhaltende Immigration angetrieben. Die Zahl der Buddhisten in den USA wird auf 2,5 bis vier Millionen geschätzt, mehr als ein Viertel dürften amerikanische Konvertiten sein. Zwischen 1985 und 1998 wuchs die Zahl der buddhistischen Tempel und Meditationszentren um siebzig Prozent auf heute mehr als tausend. Gut 1,5 Millionen Hindhus, Sikhs und Anhänger der Jain-Religion leben in den USA. Sie praktizieren ihren Glauben in 680 Hindu-, 219 Sikh- und 89 Jain-Tempeln.

Die folgenden Reportagen und Berichte verdeutlichen, dass der Gottesglaube in Amerika blüht und gedeiht. Angebot und Nachfrage wechseln beständig, neue Kunden betreten den Marktplatz, alte verschwinden. Längst ist auch die intellektuelle Debatte darüber hinausgegangen, ob man den Darstellungen von der Erschaffung der Welt in den mittlerweile 25 Schöpfungsmuseen des Landes glauben soll oder aber Agnostikern wie Richard Dawkins mit seiner Warnung vor dem »Gotteswahn« und Christopher Hitchens mit seinem Pamphlet darüber, »wie Religion die Welt vergiftet«. In seinem 2006 erschienenen Buch »The Language of God« versucht der Physiker und Humangenetiker Francis S. Collins von naturwissenschaftlicher Seite aus zu verdeutlichen, was der Theologe Timothy Keller mit seinem 2008 publizierten Bestseller »The Reason for God« von geisteswissenschaftlicher Warte aus darlegt: Der Glaube verschwindet nicht, wenn wir immer mehr über die Welt wissen.

Das Senfkorn in der Seele

Die wiedergeborenen Christen des
»Amerikanischen Pastors« Billy Graham

Wenn amerikanische Präsidenten aus dem Amt scheiden, lassen sie eine sogenannte Presidential Library bauen. So ist es jedenfalls seit Herbert Hoover, dem 31. Präsidenten, der von 1929 bis 1933 im Amt war. Eine Presidential Library ist dreierlei zugleich: ein Museum, in dem etwa der Dienstwagen, das ausgemusterte Dienstflugzeug »Air Force One«, allerlei Memorabilien aus den Jahren der Macht oder auch eine komplette Replik des »Oval Office« zu betrachten sind; ein Archiv zur Aufbewahrung von Briefen, Papieren und sonstigen Schriftmaterialien sowie von Ton- und Fernsehaufzeichnungen aus der Zeit der Präsidentschaft; schließlich eine Forschungseinrichtung, in welcher Wissenschaftler sich zur historischen und zeitgeschichtlichen Forschung in die Akten vergraben können. Die meisten Präsidentenbibliotheken sind zudem Friedhöfe, denn außer John F. Kennedy und Lyndon B. Johnson, die auf dem Nationalfriedhof von Arlington nahe Washington beziehungsweise auf dem Familienfriedhof der Johnsons auf deren ausgedehnter Ranch in Stonewall bei Austin in Texas begraben sind, wurden alle Präsidenten seit Hoover auf dem Gelände ihrer Libraries zur letzten Ruhe gebettet.

Am 31. Mai 2007 kommen sämtliche zu diesem Zeitpunkt noch lebenden ehemaligen Präsidenten zur feierlichen Einweihung einer Library nach Charlotte in North Carolina. Doch Jimmy Carter, George H. W. Bush und Bill Clinton erweisen keinem Staatsmann die Ehre, sondern einem Gottesmann. Billy Graham, geboren am 7. November 1918, hat zur Eröffnung seiner Library eingeladen. Diese wurde für 27 Millionen Dollar in die sanft geschwungenen Hügel der Blue Ridge Mountains hineingebaut, ganz in der Nähe des Milchbauernhofes, auf dem Billy Graham aufwuchs. Unweit befinden sich auch das Gelände der in aller Welt operierenden »Billy Graham Evangelistic Association« und das bescheidene Blockhaus von Montreat, in dem Graham und seine Frau Ruth viele Jahrzehnte lebten und ihre fünf Kinder aufzogen.

Das Hauptgebäude der Bibliothek ist der typischen Form einer Scheune auf einem Milchbauernhof nachempfunden, sogar die Attrape eines Futtersilos hat man danebengestellt. Das Bauernhaus, in dem Billy und seine Schwester Catherine aufwuchsen, wurde herbeigeschafft und originalgetreu wiederhergerichtet. Den Eingang zur eigentlichen Library in dem scheunenförmigen Hauptgebäude bildet ein mehr als zwölf Meter hohes Glasfenster in der Form eines Kreuzes. Es ist dieses Kreuz, das dem Gebäude und der gesamten Library gleichsam den Titel gibt, denn der Name Billy Graham ist nirgendwo auf der Außenwand des Hauptgebäudes zu lesen, jedenfalls nicht in großen Lettern auf einem der Giebel.

So hatte es Billy Graham selbst gewünscht, der dem Gedanken einer seinem Leben und Werk gewidmeten Library lange skeptisch gegenübergestanden sein soll. Am Ende aber ließen sich Billy und seine Frau von ihrem ältesten Sohn, Franklin, überzeugen, dass die Bibliothek kein Museum im eigentlichen Sinne sein werde – sondern eine Art

Kirchengebäude, ein »lebendiger Kreuzzug«, wie sich Franklin, der das Missionswerk seines Vaters seit Jahren fortführt, bei der Einweihungszeremonie vor 1500 geladenen Gästen ausdrückt.

Aber eine Library ist es eben doch, in welcher nach der Art von Dauerausstellungen in Präsidentenbibliotheken der Lebensweg von »Amerikas Pastor« nachgezeichnet wird – mit Artefakten wie akkurat gepressten Heuballen, einem restaurierten Traktor aus den dreißiger Jahren oder auch einer sprechenden Plastikkuh namens Bessie, die vor allem dem ganz jungen Museumspublikum von den Kindheitstagen Billy Grahams erzählt. Und auch die bewegten und bewegenden Ansprachen der einstigen Präsidenten Jimmy Carter, George H.W. Bush und Bill Clinton geben dem Ganzen einen präsidialen, zugleich aber auch sehr persönlichen Charakter. Am schwersten hat George H.W. Bush mit den Tränen der Rührung zu kämpfen, und länger als einen Moment lang verliert er diesen Kampf – bis ihn das Publikum mit spontanem Beifall gewissermaßen erlöst. Für George Bush den Älteren ist die Freundschaft mit Billy Graham, dem er in seiner Rede abermals den Ehrentitel »Amerikas Pastor« verleiht, so persönlich wie für keinen anderen Präsidenten. Denn Graham spielte eine wesentliche Rolle bei der Bekehrung, der spirituellen Wiedergeburt von George Bush dem Jüngeren.

Die fiel nach der sozusagen regierungsamtlichen Lebenslegende des 43. Präsidenten der Vereinigten Staaten ins Jahr 1985. Bis dahin war George W. Bush so etwas wie das schwarze Schaf der Familie, wie er selbst von sich zu sagen pflegte. Er rauchte, hatte ein manifestes Alkoholproblem und womöglich noch eine Reihe anderer Schwierigkeiten. Seine religiöse Sozialisation erfuhr Bush als Kind in der

Presbyterianischen und in der anglikanischen Episkopal-
kirche, der sein Vater bis heute angehört. Durch seine Frau
Laura, eine getaufte Methodistin, kam Bush in immer enge-
ren Kontakt mit der Vereinigten Methodistischen Kirche.
Anlässlich der Taufe der Zwillingstöchter Barbara und
Jenna im Jahre 1982 trat Bush offiziell zur Methodistischen
Kirche über.

Doch die innere Umkehr ließ noch drei Jahre auf sich
warten. Graham, ein Freund der Familie Bush, war über
viele Jahre fast jeden Sommer für einige Tage Gast in der Fe-
rienresidenz der Bushs direkt an der Atlantikküste von
Kennebunkport im Bundesstaat Maine. George W. Bush hat
mehrfach selbst über seine entscheidende Begegnung mit
dem Prediger Billy Graham während der Sommerfrische
1985 berichtet. Nicht nur von gemeinsamen Gebeten und
langen Gesprächen ist bei Bush die Rede, sondern auch von
einem »langen Spaziergang am Strand«. Doch an der dorti-
gen Felsenküste gibt es keinen Strand im eigentlichen Sinn,
und auch Graham kann sich an den ominösen Gang am
Strand nicht erinnern. Unstrittig ist die Kernaussage von
George W. Bush: »Ich musste ein Wochenende mit dem großen Billy Graham verbringen. Und als Ergebnis unserer
Gespräche und seiner Inspiration sah ich in mein Herz und
verschrieb mein Leben Jesus Christus. An jenem Wochenende pflanzte Pastor Billy Graham ein Senfkorn in meine
Seele.«

Aus der persönlichen Bekehrung durch Graham, aus der
spirituellen Wiedergeburt im Erwachsenenalter, die ihn als
»born again christian« (wiedergeborenen Christen) qualifi-
ziert, folgten für Bush die Abkehr von Alkohol und Tabak
sowie die Hinwendung zu einer strengen Arbeits- und Le-
bensdisziplin. Zu dieser gehören die tägliche Bibellektüre

und das Gebet ebenso wie das regelmäßige Fitnessprogramm mit Radfahren und Gewichtestemmen. Und natürlich gehört die innere Überzeugung dazu, fortan selbst im Dienste einer Mission zu stehen und sein Handeln nach der Frage »Was würde Jesus tun?« auszurichten.

In seiner Amtszeit als Gouverneur von Texas zwischen 1994 und 2000 sowie in den ersten neun Monaten als Präsident im Weißen Haus machte sich Bush daran, das religiös-politische Programm des »mitfühlenden Konservatismus« zu verwirklichen. Zum eigentlichen Thema, zur prägenden Bestimmung seiner Präsidentschaft fand Bush aber erst durch die Terroranschläge vom 11. September 2001. In den ersten Tagen nach den Anschlägen waren es Billy Graham und der Pfarrer von Bushs Heimatgemeinde in der texanischen Hauptstadt Austin, Jim Mayfield, die dem Präsidenten neben seinen politischen Beratern im Weißen Haus mit Rat und Gebet zur Seite standen. Unmittelbar nach den Anschlägen, als Bush in Florida, wo er noch am Morgen eine Schule besucht hatte, das Präsidentenflugzeug mit zunächst unbekanntem Ziel bestieg, sagte er: »Wir sind im Krieg.«

Aber wie bringt man in einer schwierigen Lage das christliche Liebesgebot mit den Erfordernissen der Verteidigung der nationalen Sicherheit in Einklang? Dazu gab Bush sein Freund und Berater Marvin Olasky, auch er ein »wiedergeborener« Christ, wichtige Ratschläge. Das Gebot Jesu Christi, die »andere Wange hinzuhalten«, behalte für den Christenmenschen Bush persönlich Geltung, erklärte Olasky. Schon während des Präsidentschaftswahlkampfes 2000 hatte Bush bei einem Fernsehduell mit Al Gore auf die Frage des Moderators nach seinem bevorzugten politischen Philosophen geantwortet: Jesus Christus. Der Staatenlenker aber, so Olasky, habe sich an dem Wort aus 1. Mose 9 auszurichten: »Wer Menschenblut vergießt, des Blut soll auch durch Menschen vergossen werden; denn Gott hat den Menschen zu seinem Bilde gemacht.« Wer sich wie Bush für den Respekt jedes menschlichen Lebens einsetze, der müsse die Hintermänner der Massenmörder von New York und Washington bestrafen, sagte Olasky.

Ratschläge wie diese festigten die wesentlich von Billy Graham übernommenen religiös-politischen Grundüberzeugungen des Präsidenten. In seiner Rede zur Lage der Nation vom 29. Januar 2002 zeichnete Bush die berüchtigte »Achse des Bösen«, bestehend aus dem Irak, Iran und Nordkorea, auf die Weltkarte des frühen 21. Jahrhunderts ein. Im Entwurf zu der Rede hatte Bushs langjähriger Chefredenschreiber Michael Gerson zunächst die Formulierung »Achse des Hasses« vorgeschlagen. Doch Bush selbst änderte diese in »Achse des Bösen« – ein im Kern theologisches Ideologem. Zudem erwies Bush mit der Formulierung Ronald Reagan die Reverenz, der die Sowjetunion als »Reich des Bösen« bezeichnet hatte. Auch die dichotomische Einteilung der Welt in Staaten, die im Kampf gegen den Terrorismus »für uns sind oder gegen uns«, ist ein Ausfluss der Überzeugung, dass der gottesfürchtige Mensch zwischen Gut und Böse zu unterscheiden wisse. Und schließlich steckt auch in dem Impetus, als Führungsmacht der Demokratie das Gottesgeschenk der Freiheit letztlich jedem Menschenkind auf Erden zu überreichen, eine große Portion missionarischen Eifers.

George W. Bush konnte zur Eröffnung der Billy Graham Library zwar nicht persönlich kommen. Aber er sandte einen handgeschriebenen Brief an den Mann, dem er seine geistliche Wiedergeburt und seine Neuausrichtung als Christ verdankt. Nach Zählung der »Billy Graham Evangelistic Association« (BGEA) ist Bush damit einer von etwa 3,2 Millionen Menschen, die in der Gegenwart Billy Grahams bekehrt wurden – die meisten freilich nicht bei einer persönlichen Begegnung mit Graham, sondern bei den als »Crusades« (Kreuzzüge) bezeichneten Massenevangelisationen. Niemand weiß, wie viele von Billy Grahams Instant-Bekehrten tatsächlich auch bei Christus und Gott geblieben sind. Oder wenigstens bei jener Kirche, an welche die Bekehrten von den geschulten Beratern verwiesen werden, nachdem sie dem »Altar Call« Grahams zum Schluss der Predigt gefolgt sind, ihre Sünden bekannt und bereut und »sich Christus anvertraut« haben. Anschließend werden dann die Personalien sowie Anschrift und Telefonnummer aufgenommen, die sodann in die Zentraldatei der BGEA aufgenommen und auch an eine der Partnerkirchen in der Region weitergegeben werden. Dort soll das frisch bekehrte Schaf seine neue Herde finden.

Wahrscheinlich hat kein Mann der Weltgeschichte vor so vielen Menschen gepredigt wie Billy Graham – auch der reisende Papst Johannes Paul II. nicht. Nach Angaben der BGEA sahen und hörten mehr als 210 Millionen Menschen bei »Crusades« in 185 Ländern Billy Graham predigen. Zählt man die Zuhörer und Zuschauer seiner Radio- und Fernsehpredigten hinzu, summiert sich die Zahl auf mehr als zwei Milliarden Menschen.

Zum allerletzten der insgesamt 417 Kreuzzüge Grahams kamen Ende Juni 2005 noch einmal eine Viertelmillion Menschen bei vier Freiluftgottesdiensten im Corona Park von Flushing Meadows in New York zusammen. Das Publikum war ein Querschnitt durch die Vielvölkergesellschaft New Yorks und zumal des Stadtteils Queens, wo man im Umkreis von wenigen Kilometern mehr als hundert verschiedene Sprachen hören kann. Freundliche Helfer mit Schildern auf Chinesisch, Koreanisch, Armenisch, Ungarisch oder Arabisch geben jenen, die am Ende des Gottesdienstes dem »Altar Call« zur Bekehrung gefolgt sind, die Anleitungen zum nächsten Schritt in deren Muttersprache. 1400 Kirchen von mehr als achtzig verschiedenen Konfessionen und Denominationen haben an der Vorbereitung der »Greater New York Billy Graham Crusade« mitgewirkt und sind bereit, die 9000 frisch Bekehrten aufzunehmen.

Grahams längster Kreuzzug war jener von 1957 im Madison Square Garden von Manhattan, wo er 16 Wochen lang Abend um Abend vor prall gefüllten Rängen predigte und von fast hundert Millionen Amerikanern im Fernsehen verfolgt wurde. Dieser Kreuzzug, aber auch das wochenlange Zelt-Revival von Los Angeles im Jahre 1949, mit dem Graham erstmals einem breiteren Publikum bekannt wurde, begründeten seinen Ruf und auch sein Medienimperium. Sechs Jahrzehnte lang verkündete Graham die Frohe Botschaft in der spezifisch amerikanischen Version: evangelikal, überkonfessionell und wertkonservativ, dazu politisch, sozial und ethnisch übergreifend. Mit seinen fast dreißig Büchern und den regelmäßigen Radio- und Fernsehauftritten sowie dank der Treffen mit allen amerikanischen Präsidenten und vielen ausländischen Machthabern wurde Graham zu einer Art Papst des amerikanischen Protestantismus. Der Massenzulauf verschaffte auf demokratischem Wege jene Legitimation, die in der katholischen Kirche die strenge Hierarchie des Vatikans garantiert.

Die Verbindung der uramerikanischen Tugenden Geschäftstüchtigkeit, Organisations- und Showtalent sowie soziales Engagement war die Voraussetzung für den immensen Erfolg Billy Grahams und seiner Evangelisationsmission. Hinzu kam die Glaubensdoktrin, dass die Bibel wortwörtlich zu verstehen und dass das Ende der Tage nahe sei. Die Krisen und Kriege der Gegenwart wurden mit eschatologischer Bedeutung aufgeladen. »Die westliche Kultur und ihre Früchte haben ihre Grundlage in der Bibel, im Wort Gottes. Der Kommunismus aber hat sich gegen Gott, gegen Christus, gegen die Bibel entschieden«, predigte der junge Graham im Jahre 1949 zu Beginn des Kalten Krieges: »Der Kommunismus ist nicht nur eine wirtschaftliche Interpretation des Lebens – er ist eine Religion, die vom Teufel selbst beseelt, gelenkt und vorangetrieben wird, der zudem dem Allmächtigen den Krieg erklärt hat.« Den Kampf gegen den Kommunismus sah Graham als einen »bis zum Tod – entweder muss der Kommunismus sterben oder das Christentum, denn es ist tatsächlich die Schlacht zwischen Christus und dem Anti-Christ«. Umso stolzer war Graham, dass er in den siebziger und achtziger Jahren zu Evangelisationsmissionen in den damaligen Ostblock, nach Ungarn, Polen, Jugoslawien und Rumänien, in die Tschechoslowakei und die Sowjetunion und sogar nach China reisen konnte. Der Zusammenbruch des Kommunismus 1989, mithin Christi Sieg über den Anti-Christ, hat Billy Graham in seinem Glauben an Gottes direktes Eingreifen ins Weltgeschehen bestärkt.

In den fünfziger und sechziger Jahren stand Graham an der Seite Martin Luther Kings und geißelte die Rassentrennung als gotteslästerlich. »Der Boden am Fuß des Kreuzes hat keine Stufen«, verkündete er, »und es berührt mein Herz, wenn ich Weiße und Schwarze Schulter an Schulter vor dem Kreuz stehen sehe.« Wenn er im damals noch weitgehend segregierten Süden der USA predigte, entfernte er manches Mal eigenhändig die Absperrseile der Rassentrennung zwischen den Klappstuhlreihen. Unter den Predigern des weißen »Südlichen Baptistenverbands«, zu dem sich Graham zeitlebens bekannte, obwohl er sich mit seinen Bekehrungsfestivals an alle Konfessionen und Denominationen wandte, war Graham einer der Allerersten, der mit der Überwindung der Rassentrennung Ernst machte.

Seit Harry Truman war Billy Graham mit jedem Präsidenten befreundet, mit den Republikanern vielleicht etwas inniger als mit den Demokraten, obwohl er sich nie offen parteipolitisch äußerte und kaum je eine Wahlempfehlung abgab. Und alle, vom 33. bis zum 43. Präsidenten, suchten seinen seelsorgerischen Beistand und persönlichen Rat. Der Demokrat Harry Truman (1945 bis 1953) überwand sein frühes Misstrauen gegen den anti-kommunistischen Scharfmacher der ersten Stunde und fasste später Vertrauen zu Graham. Der republikanische Fünf-Sterne-General und Held des Zweiten Weltkrieges Dwight D. Eisenhower (1953 bis 1961) hatte im Weißen Haus auf seinem Nachttisch eine mit Grahams Randbemerkungen versehene Bibel liegen, die dieser ihm während des Wahlkampfes 1952 geschenkt hatte. Der Demokrat John F. Kennedy (1961 bis 1963) suchte bewusst die Nähe Grahams, weil der »protestantische Papst« so gut wie niemand sonst dem amerikanischen Volk die Sorge davor nehmen konnte, der erste katholische Präsident in der Geschichte des Landes sei womöglich vom Vatikan ferngesteuert.

Dem Demokraten Lyndon B. Johnson (1963 bis 1969) stand Graham während der schweren Prüfung des Vietnam-Krieges so nahe, dass dieser ihn oft mitten in der Nacht zum gemeinsamen Gebet ins Weiße Haus rief. Die engste aller präsidialen Freundschaften verband Graham mit dem Republikaner Richard Nixon (1969 bis 1974) – sie war offenbar zu eng und blendete Graham. Denn der Hirte vermochte sein Schaf nicht vor der tiefsten Verirrung in den Watergate-Skandal und vor dem schmachvollen Rücktritt zu bewahren. Gerald Ford (1974 bis 1977) beriet sich am Vorabend seiner umstrittenen Entscheidung zur Begnadigung Nixons mit Graham über den Schritt, und Graham ermunterte Ford ausdrücklich dazu.

Zum Demokraten Jimmy Carter (1977 bis 1981) blieb die Beziehung respektvoll, aber distanziert, nicht zuletzt weil der Baptisten-Prediger Carter sein eigener Seelsorger war. Mit der republikanischen Jahrhundertgestalt Ronald Reagan (1981 bis 1989) war Graham schon zu dessen Zeiten als Gouverneur von Kalifornien befreundet, und wann immer Ruth und Billy Graham später zum Abendessen mit anschließender Übernachtung ins Weiße Haus kamen, vermerkte Reagan in seinem Tagebuch reinste Beglückung über die Konversation. George H. W. Bush (1989 bis 1993) und Graham verbindet seit vier Jahrzehnten eine enge Freundschaft. Als Bush Anfang August 1990 den Angriffsbefehl im Golfkrieg zur Befreiung Kuwaits von Saddam Husseins Truppen gab, rief er Billy Graham zu sich ins Weiße Haus, damit dieser ihn in seiner Entscheidung bestärke. Ruth und Billy Graham waren fast jeden Sommer Gäste der Bushs in Kennebunkport, wo es 1985 zu der erwähnten schicksalhaften Begegnung mit dem späteren Präsidenten George W. Bush (2001 bis 2009) kam. Zu dessen Wahl rief Graham in einem für ihn ungewöhnlichen Schritt bei einem gemeinsamen Auftritt mit Bush in Florida zwei Tage vor dem Wahltermin im November 2000 auf.

Der spätere demokratische Präsident Bill Clinton (1993 bis 2001) erlebte Graham zum ersten Mal im Alter von 13 Jahren bei einer »Crusade« in Little Rock in Arkansas.

In seiner finstersten Stunde, als Clinton wegen der Lewinsky-Affäre die Amtsenthebung drohte, stand Graham dem gefallenen Sünder bei – und er riet Hillary, ihrem Mann zu vergeben, ehe Graham auch die Nation aufrief, Gnade vor Recht über den 42. Präsidenten walten zu lassen.

Dies alles und noch viel mehr ist dokumentiert in der Billy Graham Library – modern und multimedial, mit Fernsehaufzeichnungen aus den fünfziger Jahren und sogar einem nachgebauten Stück der Berliner Mauer. Es soll symbolisieren, wie unerhört es war, dass der amerikanische Kreuzfahrer des Bibelwortes mit offizieller Erlaubnis der kommunistischen Behörden jenseits des Eisernen Vorhangs gegen den Anti-Christ ins Feld ziehen konnte.

Der greise Billy Graham, dessen Ehefrau Ruth im Juni 2007 im Alter von 87 Jahren starb und als Erste auf dem Gelände der Billy Graham Library begraben wurde, wird keinen Alleinerben haben. Die Freundschaft zu elf Präsidenten, denen er Gottes Wort in seiner persönlichen Auslegung sozusagen direkt ins Herz legen konnte, ist ein historisch einmaliger Fall. Auch ist die Zeit der großen Missionsveranstaltungen vorbei. Deren von Graham bewusst forcierter Event-Charakter mit Großbildleinwand und Rockmusik ist längst in die Liturgie fast aller Megakirchen eingeflossen. Neben diesen Kirchen und ihren charismatischen Pastoren sind es die evangelikalen Universitäten und Colleges, die Radio- und Fernsehsender, die Buch- und Zeitschriftenautoren, welche die Botschaft Christi in deren evangelikaler Fassung in Politik, Wirtschaft und Gesellschaft der Vereinigten Staaten tragen.

Direkt in den Himmel

Die steile Karriere der »Generation Joshua«

Zum ersten Mal seit dreieinhalb Jahrzehnten war er nicht dabei – und blieb doch allgegenwärtig: Jerry Falwell, der Prediger der »Thomas Road Baptist Church«, der politische Aktivist und Lobbyist, der Gründer der Liberty University, starb am Morgen des 15. Mai 2007 im Alter von 73 Jahren an Herzversagen in seinem Büro. Es sei ein rascher, ein schmerzfreier Tod gewesen, berichteten die Angehörigen wenig später. Hätte Falwell selbst über die Art und den Ort seines Todes entscheiden können, sagten sie weiter, hätte er sich nichts anderes gewünscht als das, was ihm der Allmächtige beschieden habe: mitten aus der Arbeit direkt in den Himmel. Denn dass er nun oben sei und von dort auf sein Vermächtnis herabblicke, daran zweifelte niemand am Wochenende nach dem plötzlichen Tod Falwells.

Es war das Wochenende der Graduierungsfeierlichkeiten an der Liberty University, und bis zuletzt hatte sich Falwell in die Vorbereitungen des wichtigsten Ereignisses des akademischen Jahres hineingekniet. Es sollte abermals eine Zeremonie der Rekorde an der größten Evangelikalen-Universität der Welt werden, die Falwell 1971 in seiner Heimatstadt Lynchburg am Fuße der Blue-Ridge-Berge im Südwesten Virginias gegründet hatte. So viele Studenten wie nie zuvor erhielten ihre Diplome – fast 3600. Zu den Graduierungsfeierlichkeiten kamen so viele Angehörige wie nie zuvor ins Football-Stadion des ausladenden Campus – mehr als 17 000. In so vielen Fächern wie nie zuvor wurden akademische Grade verliehen – 71 unterschiedliche Examen in Dutzenden von Fachbereichen.

Zudem erhielten die ersten fünfzig Juristen der Liberty University bei der Feier im Mai 2007 ihre Doktortitel. Fast neunzig Prozent der Absolventen der juristischen Fakultät der Liberty University bestehen das schwierige Examen der »American Bar Association«, das die Voraussetzung zur Zulassung als Rechtsanwalt ist – eine deutlich höhere Erfolgsquote als die 72 Prozent der Jura-Absolventen, die im Durchschnitt des gesamten Bundesstaates Virginia das »Bar Exam« schaffen.

Im Herbst 2007 begann an der Universität die Ausbildung für Ingenieure, für 2012 ist die Eröffnung der Medizinischen Fakultät geplant. Insgesamt hat die Universität, auf deren Campus fortwährend an neuen Hörsälen und Wohnheimen gebaut wird, inzwischen 28 000 Studenten. Weithin sichtbar sind auf dem »Candler's Mountain«, dem Hausberg der Universität, die riesigen violetten Buchstaben LU auf weißem Grund als Steinmosaik in die Hügellandschaft geschrieben. Mehr als 120 000 Absolventen hat die konservative christliche Hochschule bis heute ins Leben hinausgeschickt, auf dass sie die Fackel des Glaubens in Amerika und in aller Welt sichtbar tragen mögen.

Viel war bei der Graduierungsfeier vom Mai 2007 vom Vermächtnis Jerry Falwells, dem vielleicht wichtigsten und einflussreichsten Gründervater der »christlichen Rechten« die Rede. Newt Gingrich, der ehemalige Sprecher des Repräsentantenhauses, der Autor des konservativen »Vertrags mit Amerika« und Architekt des republikanischen Sieges bei den Kongresswahlen von 1994, hielt die Festansprache. »Schauen Sie sich um«, rief Gingrich, dem bei dieser Gelegenheit die obligatorische Ehrendoktorwürde der Geisteswissenschaftlichen Fakultät verliehen wurde, zum Abschluss seiner Brandrede gegen den »radikalen Säkularismus« in Amerika: »Schauen Sie sich um in diesem Stadion, schauen Sie sich um auf diesem Campus und in dieser Stadt. Schauen Sie sich die Tausenden Menschen an, die hier neben Ihnen versammelt sind. Schauen Sie auf diesen wundervollen Ort des Lernens und Lehrens, auf die mit Gläubigen gefüllten Kirchen. Sie sind die lebendigen Zeugnisse und das bleibende Vermächtnis eines einzelnen mutigen Mannes, dessen Herz brannte, um Christus zu dienen. Und diese Nation wird nie mehr die Gleiche sein.« Die buchstäblich erweckte Menge von Graduierten und deren Angehörigen spendete nach diesen Worten heftig Beifall. Gingrich fuhr fort, über die sich »überlappenden« Begriffe der Wahrheit, der Schöpfung und der Freiheit in der Bibel und der amerikanischen Unabhängigkeitserklärung zu dozieren, und kam zu dem Schluss, dass die zeitlose Heilige Schrift und das historische Ursprungsdokument der Vereinigten Staaten »sich gegenseitig kraftvoll Nachdruck verleihen«.

Da sprach ein Politiker, der seit Jahrzehnten ein Weggefährte der christlichen Rechten ist und wesentlich von dem geistlichen wie auch dem politischen Wirken der Führer der evangelikalen Christen profitiert. Ohne Männer wie Falwell, der 1979 den Interessenverband »Moral Majority« (Moralische Mehrheit) gründete und mit viel Geld und vielen Mitarbeitern wesentlich zum Wahlsieg Ronald Reagans über Jimmy Carter von 1980 und zu Reagans deutlicher Wiederwahl 1984 beitrug, wäre die »Republikanische Revolution« von 1994 unter Gingrichs Führung nicht möglich gewesen. Bis weit in die siebziger Jahre hinein waren die konservativen Weißen des amerikanischen Südens – zumal die protestantischen Christen der »Southern Baptist Convention« – Stammwähler der »alten« Demokratischen Partei. Die war damals noch stockkonservativ, eine Art Herrenklub zur Vergabe wichtiger Posten in Politik und Wirtschaft. Als sich dann die Demokraten, getrieben von den politischen Eliten im Nordosten und an der Westküste, immer weiter nach links bewegten und auch von Jesus entfernten, liefen die christlichen Konservativen fast geschlossen zu den Republikanern über.

Jimmy Carter, selbst ein Baptisten-Prediger, war der letzte Demokrat, der von einer deutlichen Mehrheit der evangelikalen Christen im »Bibelgürtel« des Südens ins Weiße Haus gewählt wurde. Seit den Zeiten Reagans wurden die Evangelikalen zum entscheidenden Machtfaktor für die Republikaner: Ronald Reagan wusste mit untrüglichem politischem Gespür ihre Unterstützung zu gewinnen, und auch die Wahl von George H. W. Bush 1988 und von George W. Bush in den Jahren 2000 und 2004 wäre ohne die Stimmen der Evangelikalen nicht möglich gewesen. Nach Wählerbefragungen erhielt George W. Bush bei den Wahlen 2004 zwischen 75 und achtzig Prozent der Stimmen der evangelikalen Protestanten, die wegen des Streits um die Homosexuellenehe, die Abtreibung oder die Stammzellenforschung besonders zur Stimmabgabe motiviert waren. In elf Bundesstaaten waren die Wähler am Tag der Präsidenten- und Kongresswahlen vom 2. November zudem aufgerufen, über die Rechtmäßigkeit der Homosexuellenehe abzustimmen. In allen elf Bundesstaaten stimmten die Wähler gegen die Legalisierung. Selbst im liberalen Bundesstaat Oregon an der Westküste stimmten 57 Prozent der Wähler gegen die

Homosexuellenehe, während im Südstaat Mississippi gar 86 Prozent der Wähler die Institution der Ehe weiterhin auf die Lebensgemeinschaft eines Mannes und einer Frau beschränkt sehen wollten.

Reverend Jerry Falwell hatte schon in den siebziger und achtziger Jahren als Radio- und Fernsehprediger mit solchem Feuereifer über Homosexuelle, Feministinnen und Abtreibungsbefürworter gewettert, dass er sich danach manches Mal für seine Tiraden entschuldigen musste.

Den denkwürdigen Höhe- oder Tiefpunkt seines biblischen Zornes auf die inneren Zersetzungskräfte Amerikas erreichte Falwell gemeinsam mit seinem evangelikalen Mitstreiter Pat Robertson, der ihn zwei Tage nach den Terroranschlägen vom 11. September 2001 in der legendären Sendung »The 700 Club« seines Fernsehsenders »Christian Broadcasting Network« (CBN) interviewte.

Zwar machten beide die Luftpiraten für die Anschläge auf New York und Washington verantwortlich, stellten aber auch einen unmittelbaren Zusammenhang zwischen der »Verbannung Gottes aus dem öffentlichen Raum« und den Anschlägen her. »Die Abtreibungsbefürworter tragen einen Gutteil Verantwortung, denn Gott lässt sich nicht hinters Licht führen: Wenn wir vierzig Millionen kleine unschuldige Babys zerstören, machen wir Gott zornig. Ich glaube wirklich, dass die Ungläubigen und die Abtreibungsbefürworter und die Feministen und die Schwulen und die Lesben, die einen alternativen Lebensstil durchsetzen und allesamt Amerika säkularisieren wollen … dass wir mit dem Finger auf sie zeigen und ihnen sagen müssen: Ihr habt dazu beigetragen, dass dies geschehen ist.« Robertson gab seine »volle Zustimmung« zu Falwells Einschätzung zu Protokoll und äußerte die Vermutung, die Anschläge seien nur ein

Vorgeschmack darauf, »was diese Leute der breiten Bevölkerung antun können«.

Anderntags mussten sich Falwell und Robertson nach einem Sturm der Entrüstung für ihre Einlassungen entschuldigen, und sie versicherten, einzig und allein die Terroristen seien für die Anschläge verantwortlich. Zudem seien Zitate ihres Gesprächs aus dem Zusammenhang gerissen worden. Wegen ähnlicher Äußerungen Falwells und Robertsons hatte der republikanische Präsidentschaftskandidat John McCain, der es im innerparteilichen Vorwahlkampf im Jahr 2000 mit George W. Bush zu tun hatte, die beiden Wortführer der christlichen Rechten als »Förderer der Intoleranz« bezeichnet und sie in einem Atemzug mit Louis Farrakhan von der »Nation of Islam« sowie dem schwarzen Prediger und demokratischen Politiker Al Sharpton genannt. McCain hatte Falwell und Robertson am Vorabend der Vorwahlen im Bundesstaat Virginia Ende Februar 2000 außerdem vorgeworfen, sich einer »Taktik der Spaltung und der Verleumdung« zu befleißigen und damit einen »verderblichen Einfluss auf Religion und Politik« auszuüben, der »Schande über Amerika, unseren Glauben, unsere Partei und unser Land« bringe. Das waren schwere Vorwürfe, mit welchen McCain alle Brücken des Dialogs mit den einflussreichsten Führern der christlichen Rechten abzubrechen schien. Diese hatten im Vorwahlkampf der Republikaner ihr erhebliches politisches Gewicht für den Texaner George W. Bush in die Waagschale geworfen, was ihm schließlich den Weg nicht nur zum Sieg bei den Vorwahlen in Virginia, sondern vor allem im Duell mit Vizepräsident Al Gore ebnete.

Sechs Jahre später, im Mai 2006, begab sich McCain, der sich abermals um die republikanische Präsidentschaftskandidatur bewarb, auf einen Canossa-Gang nach Lynch-

burg: Er nahm die Einladung Jerry Falwells an, die Festansprache zur Graduierungszeremonie an der Liberty University 2006 zu halten. McCains Büßergewand war der
schwarze Talar der Ehrendoktorwürde, die dem verlorenen
und zurückgekehrten Sohn der christlichen Rechten vor
dem Beginn seiner Rede vor den Graduierten verliehen
wurde. Dass McCain in Lynchburg die feierliche »Com-
mencement Speech« halten würde, war die politische Sensa-
tion nicht nur dieses Wochenendes im Mai 2006, sondern
des damals noch inoffiziellen Vorwahlkampfes der Republikaner schlechthin. Anders als im Jahr darauf mit dem Fest-
redner Newt Gingrich findet die Zeremonie mit McCain
nicht unter freiem Himmel statt, sondern in der Sportarena
»Vines Center«, wo gewöhnlich die Basketballer der Liberty Flames vor 10 000 Zuschauern die Farben der Falwell-
Universität verteidigen. Eltern und Großeltern, Freunde
und Bekannte haben schon Platz genommen, als endlich die
Studenten und Jungakademiker in ihren schwarzen Talaren
in die Halle schreiten und auf den Klappstühlen auf dem
Basketballfeld Platz nehmen. Dazu spielt das Blasorchester
der Universität Edward Elgars »Fanfare and Processional«.
Dann schreitet der Lehrkörper in die Arena, mit allerlei
Scherpen über den schwarzen Talaren – und mit noch mehr
Elgar vom Blasorchester. Schließlich werden von Offizie-
ren der Marineinfanterie die Flaggen hereingetragen – die
der Vereinigten Staaten, die des Bundesstaates Virginia und
jene der Universität – und vor der Rednerbühne aufgestellt.
Es folgen das Eingangsgebet von Professor Rob Jackson
von der Fakultät »Spirituelles Leben«, der gemeinsam ge-
sprochene Fahneneid »Pledge of Allegiance« und die Natio-
nalhymne, a cappella geschmettert vom Männerensemble
»Crimson Flood«. Wie bei solchen Veranstaltungen in den

Vereinigten Staaten üblich, werden alle Ansprachen, Gebete und Liedtexte von Gebärdendolmetschern auf der Rednertribüne übersetzt – und man sieht tatsächlich in den ersten Sitzreihen eine Handvoll Gehörlose den Fahneneid ihrerseits in Gebärden »mitsprechen«.

Aufgeregte Feierlichkeit erfüllt die vollbesetzte Halle. Winken und Rufen vom Sportfeld zu den Zuschauerrängen und zurück. Gründungspräsident Jerry Falwell heißt in seiner Begrüßungsansprache, von der damals noch niemand wissen kann, dass es seine letzte sein würde, die Studenten sowie deren Angehörige und Freunde willkommen. »Christus kennen und das Wissen um Christus in die Welt tragen«, die »Evangelisierung der Welt«, »Meister der Gnade zu werden« – dies seien neben der akademischen Lehre wesentliche Ziele der Ausbildung an der Liberty University, sagt Falwell. Dann stellt er einen »großen Amerikaner« vor, der die Festansprache halten wird: John McCain, Senator aus Arizona. Dessen Rede ist eine einzige Geste der Versöhnung an Falwell und dazu höchst präsidial. McCain lobt die Streitkultur der vitalen Demokratie in Amerika, warnt aber davor, dass Toleranz und Respekt niemals vergessen werden dürften: »Wir wollen uns vergegenwärtigen, dass wir keine Feinde sind. Wir sind Landsleute, die sich gemeinsam gegen einen wirklichen Feind verteidigen. Wir haben nichts voneinander zu fürchten. Trotz unserer Unterschiede sind wir vereint im Kampf für eine große Sache und im Respekt für unsere guten Absichten.« Er habe selbst diese Einsicht nicht immer gewürdigt – »und das bedaure ich sehr«, sagt McCain. Man glaubt, ein Lächeln der Genugtuung über Falwells Gesicht huschen zu sehen, der schon zuvor gesagt hat, als Christ sei er gewissermaßen geübt darin zu verzeihen. McCain sagt weiter, Freiheit und Menschenrechte »stehen über dem Staat und jenseits der Geschichte – denn sie sind von Gott gegeben«.

Im Jahr darauf ist Jerry Falwell nicht mehr, und ein weiteres Jahr später, im Mai 2008, ist der gemäßigte Senator John McCain der Präsidentschaftskandidat der Republikaner. Ist damit der Aufstieg der konservativen Evangelikalen zu politisch-kultureller Dominanz an ein Ende gekommen? Schwindet mit dem Generationswechsel der evangelikalen Führungsfiguren auch ihr Einfluss auf die Republikanische Partei und die politischen Entwicklungen der USA überhaupt? D. James Kennedy, neben Falwell einer der wichtigsten Mitbegründer der »Moral Majority« und bedeutender Vorkämpfer für die antidarwinistische Kreationistenbewegung, starb im August 2007 im Alter von 76 Jahren. Falwells rechtskonservativer Weggefährte, der »Televangelist« von CBN und Gründer der Lobbygruppe »Christian Coalition«, Pat Robertson, scheint in seinem Taten- und Missionsdrang zwar ungebrochen, ist aber immerhin Jahrgang 1930. James Dobson, der von Colorado Springs aus sein tägliches Radio- und Fernsehprogramm »Focus on the Family« ausstrahlt und damit nach eigenen Angaben 220 Millionen Menschen in 164 Ländern der Welt erreicht, wurde 1936 geboren.

Doch gegen die These, dass die Evangelikalen den Zenit ihrer politisch-gesellschaftlichen Macht ebenso überschritten haben wie ihre Führungsfiguren jenen ihrer eigenen Lebenszeit – was nicht zuletzt die Niederlage der Republikaner bei den Kongresswahlen vom November 2006 gezeigt habe –, spricht der Umstand, dass es Dutzende von charismatischen evangelikalen Pastoren mit ihren jeweils eigenen Megakirchen gibt, welche die Fackel des christlichen Glaubens mit politischer Relevanz weitertragen. Zu nennen sind etwa Rick Warren von der »Saddleback Church« in Lake Forest bei Los Angeles in Kalifornien, Joel Osteen von der »Lakewood Church« in Houston und der schwarze Bischof T. D. Jakes von »The Potter's House« in Dallas, Texas, schließlich Creflo Dollar mit seiner »Christian World Changers Ministries« in College Park bei Altanta in Georgia und Bill Hybels von der »Willow Creek Community Church« in South Barrington in Illinois. Sie bilden ein dezentrales Netz, dessen Beweglichkeit nicht mehr durch eine starre rechtskonservative Ideologie wie bei der Gründergeneration eingeschränkt ist. Es sind Pastoren, die den Umweltschutz als Auftrag zur Bewahrung von Gottes Schöpfung als politisches Thema für die Evangelikalen entdecken; die den weltweiten Kampf gegen die Immunschwächekrankheit HIV/Aids als Gebot der globalen Nächstenliebe verstehen; die zwar gegen die Homosexuellenehe sind, sich ihren liebenden Blick auf die »unbiblische« sexuelle Orientierung jedoch nicht mehr durch unauslöschliche Vorbehalte gegen Homosexuelle verstellen lassen; die zwar weiter gegen Abtreibung und auch gegen Stammzellenforschung sind, aber über die weltanschaulichen Lager hinweg einen Dialog pflegen, statt einen Kulturkrieg austragen zu wollen.

Es ist eine neue Generation geistlicher und auch politischer Führer der Evangelikalen herangewachsen, die zwar mehrheitlich mit den Republikanern sympathisieren, sich aber zentristischen und gemäßigten Demokraten nicht von vornherein verschließen. Der Konservatismus der neuen Generation ist gleichsam weicher. Anders als die während der sechziger und siebziger Jahre vom Spott und von der intellektuellen Herablassung des linken Establishments gepeinigte Generation der Gründerväter um Falwell, Robertson und Dobson müssen sie sich nicht erst Gehör verschaffen. Längst werden sie gehört und gesehen – Sonntag um Sonntag in ihren Megakirchen, Tag um Tag auf ihren Radiostationen und in ihren Fernsehsendungen. Und sie werden gelesen – allein Rick Warrens Bekehrungskurs in vierzig Tagen mit dem Titel »The Purpose Driven Life« wurde in mehr als 25 Millionen Exemplaren verkauft; die 13 Folgen der christlich-apokalyptischen »Left-Behind«-Romane von Tim LaHaye und Jerry B. Jenkins wurden in einer Gesamtauflage von gut 65 Millionen Exemplaren gedruckt; und Joel Osteens erstes Buch, »Your Best Life Now«, fand binnen zwei Jahren mehr als vier Millionen Käufer. Der Jahresumsatz christlicher und religiöser Literatur in den USA wird auf zwei Milliarden Dollar geschätzt und hat in den vergangenen fünf Jahren meist Zuwachsraten über dem Marktdurchschnitt für alle Bücher verzeichnet.

Aber auch die Gründergeneration hat auf ihre Weise das Feld bestellt, um den Einfluss des evangelikalen Glaubens auf Jahre hinaus zu sichern. Newt Gingrich sprach bei der Graduierungszeremonie in Lynchburg vom Mai 2007 treffend von den »120 000 Samenkörnern«, welche allein Falwells Liberty University in Gestalt von Absolventen in die Gesellschaft ausgebracht habe: Nach dem Studium setzen sie ihre evangelikale Mission in der Politik und in der Wirtschaft, in den Medien und in der Wissenschaft fort. Die jährlichen Gesamteinnahmen der Liberty University und der inzwischen am Nordende des Campus untergebrachten Megakirche »Thomas Road Baptist Church« aus Studiengebühren und dem freiwillig von den Kirchenmitgliedern geleisteten biblischen Zehnten belaufen sich nach eigenen Angaben auf etwa zweihundert Millionen Dollar. Die von Pat Robertson im Jahre 1978 gegründete CBN University in Virginia Beach im Bundesstaat Virginia, die seit 1990 Regent

University heißt und heute etwa 5000 Studenten hat, ist eine weitere Kaderschmiede der evangelikalen Christen, auf welche zumal die Regierung Bush seit 2001 ausführlich zurückgegriffen hat. Ihr Gründer hat die Hochschule, deren Ziel laut eigenem Leitspruch das Heranziehen von »christlicher Führerschaft zur Verwandlung der Welt« (Christian Leadership to Change the World) ist, mit einem Stiftungsvermögen von knapp 280 Millionen Dollar ausgestattet.

Das im Jahr 2000 von Mike Farris, einem führenden Verfechter des Rechts auf den schulischen Unterricht von Kindern im Elternhaus, gegründete Patrick Henry College in Purcellville (Virginia) versteht sich ausdrücklich als Hochschule für jene Kinder aus evangelikalen Großfamilien, die im »home schooling« von ihren Eltern unterrichtet wurden. Die meisten daheim unterrichteten Kinder legen mit großem Erfolg die standardisierten SAT-Tests für das allgemein anerkannte »High School Degree« ab, was ihnen die Aussicht auf ein Studium an den Eliteuniversitäten der »Ivy League« an der Nordostküste eröffnet. Viele wählen stattdessen das kleine Patrick Henry College im ländlichen Virginia, dessen Studentenzahl von 92 im Gründungsjahr 2000 auf inzwischen knapp 350 angewachsen ist und das keinen geringeren Anspruch hat, als möglichst rasch zu »God's Harvard« zu werden. Die Losung des Patrick Henry College lautet »Pro Christo et Libertate« (Für Christus und die Freiheit), und von den Studenten wird das Anerkennen des Glaubensgrundsatzes erwartet, wonach »Satan als übelwollendes persönliches Wesen existiert, das uns als Verführer und Ankläger in die Hölle als Ort der ewigen Strafe zu locken versucht, wo alle Menschen, die nicht den Weg zu Christus gefunden haben, im Zustand der bewussten Qual für alle Ewigkeit darben müssen«.

Mike Farris, 1951 geborener konservativer Verfassungs-rechtler, produktiver Sachbuch- und Romanautor sowie bei den Gouverneurswahlen in Virginia von 1993 zunächst ge-scheiterter Politiker, hat gemeinsam mit seiner Frau Vickie zehn Kinder (und inzwischen sechs Enkel). Keines der Kin-der der Familie Farris hat je eine öffentliche Schule besucht, stattdessen wurden alle von Mike und vor allem Vickie Farris daheim unterrichtet. Farris ist neben Gründer und Kanzler des Patrick Henry College auch der Initiator des Projekts »Generation Joshua«. Sich selbst sieht Farris als Teil der »Generation Moses« – und auch Jerry Falwell, Pat Robertson, James Dobson und D. James Kennedy sowie der große Evangelist Billy Graham, der im hohen Alter mit seinem schlohweißen langen Haar dem alttestamentlichen Propheten, Heerführer und Gesetzgeber immer ähnlicher sah, gehören zur »Generation Moses«. Deren Aufgabe war es nach den Worten von Mike Farris, »den Auszug aus Ägypten« zu erreichen, den beschwerlichen Exodus des von Gott erwählten Volkes aus der Sklavengefangenschaft unter dem heidnischen Pharao durch die geteilten Wasser des Roten Meeres in die Wüste. Moses selbst sollte die Er-oberung des Landes Kanaan nicht mehr erleben, obwohl er 120 Jahre alt wurde. Dies blieb Josua, seinem Zögling und von ihm selbst ernannten Nachfolger vorbehalten. »Die Flucht aus Ägypten«, sagt Farris, »ist nicht das Ziel«, denn der Exodus gewinnt seinen Sinn erst, wenn die auf Moses und seine Mitstreiter folgende »Generation Joshua« sich »mit aller Kraft dem Kampf zur Wiedereroberung des Lan-des widmet.«

Aus dieser »Generation Joshua«, von deren Vorkämp-fern selbst kurz »GenJ« genannt, sieht Farris die künfti-gen Senatoren, Gouverneure, Präsidenten und Richter am

Obersten Gericht aufsteigen. »Das Ziel ist nicht ein politischer Umsturz«, schreibt Farris, »oder das Schaffen eines neuen Israel. Vielmehr geht es darum, Männer und Frauen des Glaubens heranzuziehen, die aus Liebe zu Gott nicht länger tatenlos zusehen, wenn ihre Nation hasst, was Er liebt, und liebt, was Er hasst.« Die »Generation Joshua« rekrutiert sich aus den Absolventen evangelikaler Hochschulen wie Liberty, Regent und Patrick Henry. Dreimal im Jahr wählt das Weiße Haus etwa hundert Studenten für ein jeweils dreimonatiges Praktikum im Schaltzentrum der Weltmacht aus. Dem kleinen und jungen Patrick Henry College gelang es seit dem Einzug von George W. Bush ins Weiße Haus im Januar 2001 Jahr um Jahr, bis zu fünf solcher Praktikantenplätze für seine Studenten zu ergattern – etwa so viel wie die traditionsreiche, 1789 von den Jesuiten gegründete Georgetown University in der amerikanischen Hauptstadt mit ihren mehr als 14 000 Studenten. Auch von Liberty und Regent haben überdurchschnittlich viele Absolventen Posten in der Regierung Bush erhalten.

Im Juli 1994, während der Präsidentschaft von Bill Clinton, kam eine damals zwanzig Jahre alte Praktikantin namens Monica Lewinsky ins Weiße Haus und sollte später zu etwas kurioser Berühmtheit aufsteigen. Heute ist die gefallene Monica Lewinsky, die vielleicht unglücklichste Praktikantin in der Geschichte des Weißen Hauses, geächtet und vergessen. Von den Praktikanten und Berufseinsteigern der »Generation Joshua«, den Anti-Lewinskys par excellence, wird man dagegen noch hören – aber erst, wenn sie zielstrebig und in aller Stille die Stufen der Macht emporgeklettert sind.

Alles glänzt

Kaum zu glauben, was die Pfingstler alles glauben

Kein Zweifel, Paul und Jan Crouch lieben es üppig. Wer es nicht so üppig liebt wie die Gründer und Eigentümer des christlichen Fernsehsenders »Trinity Broadcasting Network« (TBN), braucht gewissermaßen einen sehr robusten ästhetischen Verdauungstrakt. Korinthische Säulen umgeben den zentralen Rundbau der »Trinity Christian City International« (TCCI), wo das seit 1958 verheiratete Evangelisten-Ehepaar seine eigenen Sendungen sowie die seiner Vertragspastoren und Gastprediger aufzeichnet und über siebzig Satellitenstationen sowie 20 000 Partnersender und Kabelanbieter in weltweit mehr als hundert Millionen Haushalte ausstrahlt. Arkaden mit korinthischen Säulen umgeben auch den kreisrunden Springbrunnen vor dem Gebäudeeingang, der von einem Zufluss gespeist wird, den Paul und Jan Crouch »Fluss des Lebens« nennen. Von Zeit zu Zeit vollzieht Paul Crouch in dem Brunnen eine Taufe durch Untertauchen, denn TCCI ist eine Kirche. So steht es ausdrücklich auf Dutzenden von messingfarbenen Schildern, die am Haupteingang zum Sendestudio sowie neben fast jeder Tür in dem Gebäude angebracht sind. Zu lesen ist ein Auszug aus dem Paragrafen 302 des Strafgesetzbuches von Kalifornien: »Eine Person, die absichtlich eine Versammlung von Menschen zu einem religiösen Gottesdienst in einem steuerbefreiten Gotteshaus durch profanes Reden, unflätiges oder unzüchtiges Verhalten oder durch unnötigen Lärm entweder im Raum der Versammlung oder in solcher Nähe zu diesem so stört oder beunruhigt, dass deren Ordnung und Feierlichkeit gestört wird, macht sich eines Vergehens schuldig, das mit einer Geldstrafe von bis zu tausend Dollar oder einer Freiheitsstrafe von bis zu einem Jahr oder der Geldstrafe neben der Freiheitsstrafe geahndet wird.«

Für eine Einrichtung, in welcher die christliche Botschaft der Liebe und der Vergebung verkündet und in alle Welt hinausgesendet wird, muten solche Warnungen sonderbar an. Sonderbar auch, dass ein Streifenwagen der privaten Wachfirma von TCCI mit verdunkelten Scheiben an der Einfahrt zum Gelände an der Bear Street in Costa Mesa abgestellt ist – offenbar schon so lange, dass Spinnen in den Radkästen ihre Netze weben konnten.

Der Empfang im Gebäude selbst aber ist freundlich – ein Wachmann lächelt und fragt, wie es gehe –, ja überwältigend. Der Boden der Eingangshalle und der Treppenaufgang zum ersten Stock sind aus schneeweißem hochglanzpoliertem Marmor. Eine mehr als drei Meter hohe goldene Figur des geflügelten Erzengels Michael mit einem gewaltigen Schwert in der rechten Hand überragt das Foyer. Das Geländer des Treppenaufgangs strahlt gold- oder jedenfalls messingfarben. Die Decke ist überreich mit mehr als 200 Cherubim-Figuren bemalt, deren Gesichter jenen von Kindern besonders verdienter TBN-Angestellter nachempfunden sein sollen. Vor den meterhohen Fenstern hängen schwere purpurrote Samtvorhänge. In Glasvitrinen stehen lauter Engelsfiguren und Putten in ausladenden Gewändern und mit rosigen Wangen. Die Decke im Buch- und

Geschenkeladen »Gold, Weihrauch & Myrrhe« und auch in den Toiletten ist mit hochglanzpolierten Messingplatten verkleidet. Natürlich sind auch die Wasserhähne aus Gold – oder jedenfalls goldfarben.

Ob beim Welthauptquartier von TBN südlich von Los Angeles irgendetwas aus Gold ist, was glänzt, steht dahin. Aber alles glänzt – marmorweiß, messinggolden, kristallgläsern. Und bei der Darstellung des Lebens und Wirkens Christi ist vor allem alles so bibelecht oder so geschichtsnah wie nur eben möglich. So versichern es jedenfalls Paul und Jan Crouch, die es schließlich auch verstehen, mit einem in ihren Gesichtern sozusagen festgefrorenen Lächeln vor jeder Kamera als christliche Musterehe zu erscheinen, obwohl alle Welt über allerlei Affären von Paul und über allerlei Aussetzer von Jan weiß.

Im »Virtual Reality Theatre« wird ein »Erlebnis virtueller Realität zur lebenslangen Erinnerung« versprochen. Der Eintritt in die virtuelle Wirklichkeit ist frei. Der Weg in das kleine Hightech-Kino mit dem Rundum-Soundsystem aus 48 Tonkanälen, in dem die drei »ausschließlich an Originalschauplätzen in Israel gedrehten« High-Definition-Produktionen »Der Revolutionär«, »Der Revolutionär II« und »Der Sendbote« gezeigt werden, führt durch eine vorgeblich maßstabgetreue Nachbildung der Via Dolorosa. Dort ist es schummrig und ruhig, es geht auch gerade sonst niemand den Weg des Leidens entlang. Vom Kino her aber, wo die drei Filme über das Leben Christi den ganzen Tag über in einer Art Endlosschleife gezeigt werden, dröhnt und quiekt es ohrenbetäubend. Es läuft noch der Film »Der Revolutionär II«, in dem vor allem die Wundertätigkeit Jesu gezeigt wird. Das Dröhnen und Quieken gehört zu der soeben im Film gezeigten, von den Evangelisten Matthäus,

Markus und Lukas gleichermaßen berichteten Wundergeschichte, als Jesus am See Genezareth nahe Gadara zwei Männern begegnet, die von bösen Geistern besessen sind. Als die Geister, die von den Männern Besitz ergriffen haben, Jesus bitten, er möge sie in eine Herde Säue fahren lassen, antwortet Jesus: »Fahrt aus!« Da sieht man auf der Leinwand etwas wie ein grünes durchsichtiges Unterhemd aus den besessenen Männern hinaus- und direkt in die quiekenden Säue hineinfahren. Worauf die Schweine zum See galoppieren, sich ins Wasser stürzen und ersaufen. Dabei scheinen die Kinositze vom Schweinsgalopp mitzuvibrieren, während das Quieken der besessenen Säue von allen Richtungen in die Ohren dringt.

Das Kino ist nicht groß, es bietet vielleicht fünfzig Personen Platz. Die jeweils etwa einstündigen Jesus-Filme sind von einer gewissermaßen übernaturalistischen Ästhetik. Die blauen Augen Jesu und sein akkurat gestutzter Bart, dazu die frisch gekämmten und geföhnten schulterlangen Haare sind in der mit High-Definition-Kameras gefilmten Produktion in bestechender Klarheit zu erkennen. Jesus spricht mit einem englischen Akzent, die Hohen Priester mit einem nahöstlichen und mancher römische Soldat mit einem osteuropäischen. Wenn es im Film nach dem Tode Christi am Kreuz ein Erdbeben gibt, dann wackeln die Kinosessel furchterregend, und es ist so laut, dass die Kleinkinder, die einige Familien leichtsinnigerweise ins »Virtual Reality Theater« mitgebracht haben, zu weinen beginnen.

Wer an die Ästhetik der Fernsehsendungen, der Filmproduktionen und auch der Gebäude des Welthauptquartiers von TBN nicht gewöhnt ist, mag unter dem geballten Kitsch bald in die Knie gehen. Für Paul und Jan Crouch und ihre viele Millionen Zuschauer handelt es sich gewiss um die bestmögliche Form, das Leben Christi und seiner himmlischen Heerscharen wirklichkeits- und geschichtstreu darzustellen. Überhaupt müssen die Konsumenten von TBN, die mit ihren Spenden neben der Werbewirtschaft zugleich dessen wichtigste Financiers sind, den Glaubensgrundsatz »credo quia absurdum« zutiefst empfinden: Was sie alles glauben, ist kaum zu glauben.

Paul Crouch, Jahrgang 1934, und seine drei Jahre jüngere Frau Jan stammen beide aus Missionars- und Pfarrersfamilien der Pfingstler, die eine reiche Tradition von charismatischen Predigern aufweisen. Das entrückte Zungenreden, sei es nur glaubwürdig gespielt oder aber wirklich empfunden und erfahren, gehört in den Gottesdiensten und Missionsveranstaltungen der Pfingstbewegung zur festen Einrichtung – bei den Predigern wie den Gemeindemitgliedern. Mehr noch als die Wassertaufe ist für die Pfingstler die Feuertaufe durch den Heiligen Geist von Bedeutung, und diese äußert sich auch durch die Glossolalie, das trancehafte Reden in fremden, unverständlichen Zungen. Weitere wichtige Elemente des komplexen Doktrinengebäudes der »Pentecostals« sind der Glaube an Wunderheilungen durch Handauflegen und die Gewissheit der nahen Endzeit und des zweiten Kommens des Erlösers.

Vielleicht ist es kein Zufall, dass die Pfingstbewegung in den USA kaum fünfzig Kilometer nordwestlich vom heutigen TBN-Hauptquartier in Costa Mesa ihren Ausgang genommen hat. Es geschah im April 1906 in der Azusa Street im Herzen von Los Angeles. Ein schwarzer Baptisten-Prediger namens William Joseph Seymour (1870 bis 1922), der von Houston in Texas nach Südkalifornien gekommen war, begann nach wochenlangen Gebetsabenden im Privathaus eines gewissen Richard Asberry in der Bonnie Brae Street am Abend des 9. April 1906 plötzlich in Zungen zu reden. Auch einigen anderen Teilnehmern des Gebetskreises war schlagartig die Gabe der Glossolalie gegeben. Die Kunde von den erweckten Predigern verbreitete sich wie ein Lauffeuer, und schon fünf Tage später bezog die neue Bewegung unter ihrem charismatischen Führer Seymour eine ehemalige Lagerhalle in der Azusa Street 312 als ihr Gotteshaus. Das »Azusa Street Revival«, wie es bald genannt wurde, machte zunächst in Südkalifornien und bald darauf im ganzen Land Schlagzeilen.

Die Tageszeitung *Los Angeles Times* berichtete schon am 18. April 1906 auf ihrer Titelseite von »wilden Szenen« und »sonderbarem Geplapper in Zungen« in der Azusa Street: »Die Nacht ist erfüllt vom scheußlichen Geheule der Gläubigen.« In rasch wachsender Zahl wurden Reporter zur Beschreibung des sonderbaren Geschehens in die Azusa Street geschickt, und es blieb ihnen nicht verborgen, dass sich bei den ekstatischen Gottesdiensten der als »Holy Rollers« oder »Holy Jumpers« bezeichneten Gläubigen die Rassen und die Geschlechter in unziemlicher Weise vermischten. »Männer und Frauen, Weiße und Schwarze knieten gemeinsam nieder oder fielen übereinander. Man sah eine weiße Frau, womöglich von Wohlstand und Kultur, in die Arme eines Niggers fallen, der sie fest umfasste, während sie in vorgespielter Pfingsterleuchtung von Zittern und Schütteln umhergeworfen wurde«, schrieb Charles Fox Parham (1873 bis 1929), der kurz zuvor seine eigene Pfingstbewegung mit dem Namen »Apostolic Faith Movement« ins Leben gerufen hatte. Parham war natürlich weißer Hautfarbe, und seine rassistisch motivierte Abscheu vor der »schrecklichen, abscheulichen Schande« des Geschehens in der Azusa Street sollte noch für viele Jahrzehnte Mehrheitsmeinung bleiben.

Mit der Rassen- und Geschlechtervermischung unter dem Dach des Lagerhauses in der Azusa Street 312 war es bald wieder vorbei. Die Pfingstbewegungen der Weißen und der Schwarzen gingen ihre eigenen Wege, und sie sind recht besehen bis heute getrennt. Die meisten weißen Pfingstler gehören zu den »Assemblies of God«, die in den USA etwa 2,7 Millionen Mitglieder haben. Die Schwarzen der Pfingstbewegung haben sich zur »Church of God in Christ« (COGIC) zusammengeschlossen, die mit sechs Millionen Mitgliedern die größte schwarze Glaubensgemeinschaft in den USA ist.

Dass Paul und Jan Crouch aus der Pfingstbewegung kommen, ist unverkennbar. In ihren religiösen Talkshows weht der Geist, wohin er vom Regisseur und Kameramann auch immer dirigiert wird. Gottes Wort wird live auf Sendung vernommen und sogleich für alle hörbar weitergegeben. Es wird inbrünstig um Heilung und Erlösung gebetet, dabei fällt mancher wie vom Schlag gerührt zu Boden, rappelt sich aber meist nach einiger Zeit wieder auf. Und wenn das Weltenende, dessen Nahen noch in jeder Sendung erwähnt wird, sich tatsächlich einstellen sollte, wird es ganz gewiss live und in voller Länge auf TBN übertragen.

Paul und Jan Crouch haben mit ihrem 1973 gegründeten und seither unermüdlich ausgebauten christlichen Senderimperium das Pfingstlertum gewissermaßen fernsehtauglich gemacht. Und sie sind dabei sehr reich geworden. Weil TBN und TCCI als konfessionelle Organisationen keine Steuern an das Finanzamt des Bundes abführen und mithin ihre Bücher nicht offenlegen müssen, wissen wohl nur Paul und Jan Crouch selbst sowie deren Söhne Paul jr. und Matthew, wie groß das Vermögen ist. Der Jahresumsatz wird auf fast 190 Millionen Dollar beziffert. Zwei Drittel der

Einkünfte rühren aus den Spenden und »Liebesgaben« der Zuschauer her, an welche sich der christliche Fernsehsender jedes halbe Jahr in ein- bis zweiwöchigen sogenannten »Telethons« und »Praise-a-thons« wendet. Das letzte Drittel der Einkünfte kommt von etablierten und aufstrebenden »Televangelisten« und Predigern aus Megakirchen, die sich wertvollen Sendeplatz bei TBN mieten, um mit ihren Predigten möglichst viele Menschen und Haushalte zu erreichen. Denn wer von einem Pastor auf TBN beeindruckt ist, so die kommerzielle wie spirituelle Kalkulation, könnte sich hernach dessen jüngstes Buch kaufen oder auch die gesammelten Predigten der letzten Monate und Jahre, die nach jedem Gottedienst sogleich auf CD oder DVD gebrannt werden. Kommerzielle Konsumwerbung gibt es nicht in den Sendungen auf TBN in den USA, lediglich in Übersee gibt es erste Versuche, Werbeminuten für gottgefällige Produkte an die allgemeine Werbewirtschaft zu verkaufen.

Bei den »Telethons« aber werden die Zuschauer in allen erdenklichen Variationen mit dem Hauptargument des »Wohlstands-Evangeliums« traktiert, wonach Gaben an Gott und dessen direkte Vertreter hienieden – zum Beispiel TBN – von diesem mit einem Vielfachen vergolten würden: Wer gibt, dem wird gegeben, und wer reichlich gibt, dem wird reichlich gegeben. Man muss nur daran glauben. Wer aber gegeben und noch nicht bekommen hat, ist im Glauben noch nicht stark genug. Oder es hapert beim Geben. Oder beim Glauben und beim Geben.

Gastgeberin der Spendensammel-Marathons ist für gewöhnlich Jan Crouch selbst, deren Markenzeichen seit Jahr und Tag eine bizarr hohe blonde Perücke mit rosa Strähnchen ist. Sie habe unter Dickdarmkrebs gelitten, erzählt sie, aber jetzt sei sie gesund: »Keine Bestrahlung, keine Chemotherapie, nur Jesus!«, verkündet sie. Und aus dem Studio-publikum schallt es zurück »Gesegnet sei sie!« Dann fährt Jan Crouch fort: »Jesus ist mit uns durch die Hölle gegan-gen, weil er nicht ohne uns in den Himmel gehen wollte!« Was aber den tieferen Grund für die Spendensammelaktion betrifft, so verhält es sich damit so: »Das Geschenk der Sal-bung zum Wohlstand fließt in diesem Praise-a-thon«, ver-kündet Jan Crouch in ihrer wie durch Helium in piepsige Höhen getriebenen Stimme: »Der Praise-a-thon ist nicht für TBN, er ist für Sie!«

Es hat im gottnahen, gottbewussten Amerika lange Tra-dition, einen direkten Dialogdraht zu Gott für sich zu be-anspruchen. Wenn Amerika unter den Völkern als das »Neue Jerusalem« auserwählt ist, wäre nichts falscher als die Annahme, Gott sei verstummt. So wie Gott vor Jahrtausen-den zu seinem Volk und dessen Propheten im Gelobten Land gesprochen hat, so redet er auch heute noch – und manchmal offenbar sogar wie ein Wasserfall. Paul und Jan Crouch und all den anderen Predigern und Pastoren bei TBN gegenüber muss Gott jedenfalls ein ungeheures Mit-teilungsbedürfnis haben. In jeder Predigt, in jeder Hausmit-teilung, in jedem »Telethon« haben sie mitzuteilen, was Er ihnen mitgeteilt hat. Wahrhaftig, schon 35 Jahre alt ist TBN 2008 geworden, doch Paul Crouch erinnert sich im Mit-teilungsblatt *Praise the Lord,* Jahrgang 35, Nummer fünf, noch präzise an die Worte Gottes von damals: »Ich werde die Nacht nie vergessen, da Gott gleichzeitig zu Jan und zu mir sprach.« Er hieß sie nämlich beide, den kalifornischen Lokalsender UHF-TV zu verlassen, der gerade begonnen hatte, einige der christlichen Sendungen von Paul Crouch auszustrahlen – freilich nur in der Gegend von San Bernar-dino. Stattdessen wies Gott Paul und Jan an, einen eigenen

Sender zu gründen, auch wenn dieser in den ersten Jahren mehrfach am Rande des Bankrotts stehen sollte: Dies war die Geburtsstunde des Senders TBN, der zunächst aber arg gepäppelt werden musste.

Die Geschäftspartner der ersten Stunde, die damals berühmten und bewunderten Prediger Jim und Tammy Faye Bakker, verließen den gemeinsam mit den Crouchs gegründeten Sender jedoch bald im Streit und versuchten sich in North Carolina mit ihrem eigenen Fernsehkanal, dem »Praise the Lord (PTL) Club«. Zunächst schien Bakker Erfolg zu haben. Doch nach seinem kometenhaften Aufstieg zum Betreiber des »Heritage USA« genannten christlichen Vergnügungs- und Wasserparks mit sechs Millionen Besuchern im Jahre 1986 stürzte Jim Bakker im Jahr darauf ebenso rasch über einen Unterschlagungsskandal mit einem Schaden in Höhe von 165 Millionen Dollar. Hinzu kam eine Vergewaltigung, die er mit dem erschwindelten Geld zu vertuschen versucht hatte. Nach fünf Jahren im Gefängnis schrieb der gefallene Wohlstandsprediger Bakker ein Buch mit dem Titel »Ich habe mich geirrt«. Darin verwirft Bakker, der bis heute spektakulärste und berühmteste Beispielfall eines gescheiterten Wohlstandstheologen, die von ihm selbst gepredigte und gelebte Wohlstandstheologie in Bausch und Bogen.

Von solchen Anfechtungen weiß sich Paul Crouch verschont. Vielleicht hat Crouch Gottes Stimme besser verstanden als Bakker. Vielleicht versteht er auch einfach mehr vom Geschäft. Und er hat eine unvergleichliche Art beim Spendensammeln. »Wenn Sie durch TBN geheilt oder gerettet oder gesegnet wurden«, redete Crouch im November 1997 seinen Zuschauern ins Gewissen, »und noch nichts für den Sender gespendet haben, dann berauben Sie Gott, und

Sie verlieren Ihre Belohnung im Himmel.« Jenen aber, die bisher nicht nur nichts für TBN getan, sondern womöglich etwas gegen den Sender unternommen hatten, stand ein düsteres Schicksal bevor. »Gott«, begann Crouch sein Schlussgebet der Sendung »Praise the Lord« vom 7. November 1997, »wir geben jeden dem Tod anheim, der seine Hand gegen diesen Sender und dieses Kirchenamt erhebt, die Dir gehören, Gott. Es ist Dein Werk, Deine Idee, Dein Eigentum, Deine Sendefrequenz, Deine Welt. Und wir geben dem Tod anheim, was immer sich Gottes großer Stimme der Verkündung an die ganze Welt in den Weg stellen mag. In Jesu Namen, Amen!« Dagegen klingt die Drohung mit dem Paragrafen 302 des kalifornischen Strafgesetzbuches noch harmlos.

Die weltlichen wie die himmlischen Drohungen haben bisher ihre Wirkung offenbar nicht verfehlt: TBN wächst unaufhaltsam. Das Vermögen von TBN wird heute auf mindestens 600 Millionen Dollar geschätzt. Hinzu kommen dreißig Häuser in fünf verschiedenen Bundesstaaten, die der Familie zur Verfügung stehen, darunter ein Anwesen in Newport Beach mit Blick auf den Pazifik im Wert von fünf Millionen Dollar und eine mehr als dreißig Hektar große Ranch in Colleyville nahe Dallas in Texas, deren Wert auf gut zehn Millionen Dollar geschätzt wird. Der umfangreiche Wagenpark von TBN wird durch einen Canadair-Jet im Wert von mehr als sieben Millionen Dollar vervollständigt. Die Eltern Crouch und ihr Sohn Paul jr., die den Sender und die angeschlossenen Unternehmen gemeinsam führen, zahlen sich Jahresgehälter von zusammen etwa 900 000 Dollar aus.

Auf die jüngste Akquisition sind Paul und Jan Crouch besonders stolz: Im Juni 2007 kauften sie für 37 Millionen

Dollar den Bibel-Erlebnispark »Holy Land Experience« in Orlando. Ein Modell des spirituellen Disney-Parks in Florida, der im Durchschnitt täglich tausend Besucher verzeichnet, ist im Foyer des TBN-Hauptquartiers in Costa Mesa zu besichtigen. Das neue Produkt passt gut zum Portfolio, auch wenn im Oktober 2007 zunächst fast hundert Angestellte von »Holy Land Experience« entlassen werden mussten. Bei der Übernahme des Erlebnisparks war dieser mit acht Millionen Dollar Schulden belastet, die erst einmal abgebaut sein wollen.

Im ersten Stock des World Headquarters von TBN ist das »Studio B« zu besichtigen, zudem gibt es eine kleine Ausstellung über die Geschichte des christlichen Fernsehsenders zu sehen. Im Bistro »Solid Rock« gibt es Snacks und Getränke, und für die Küchenhilfen und Kassiererinnen hängt in der Küche ein Zettel an der Wand, wonach die Angestellten Erfrischungsgetränke nicht ohne Bezahlung entnehmen dürfen. Im »Church Auditorium« gleich neben dem Fernsehstudio liegen Zehntausende blauer Zettel, zusammengebunden zu dicken Konvoluten, auf den Stühlen und Bänken. Es sind die Bitten um Gebete, von Fernsehzuschauern per E-Mail übermittelt oder von Besuchern bei TBN handschriftlich auf kleine blaue Zettel vermerkt und sodann von einem TBN-Mitarbeiter erfasst und in eine Datenbank eingegeben. Diana aus Kentucky wünscht sich »finanzielle Segnung«, Victoria aus Indiana erbittet »Sicherheit, Heilung, nicht missbraucht werden«. Für Laura aus Kanada wäre es ein Segen, wenn Gott »für Enkel Emanuel, Lastwagenfahrer, Probleme am Arbeitsplatz löst, dass er gut mit dem Chef auskommt und in Jesu Namen sein Geld bekommt!« Jewel aus Mississippi »braucht körperliche Heilung«, Heather aus Washington bittet um »Angriffsgeist«, und Saynrenee aus Kalifornien schließlich wünscht sich »Rettung, Heilung für Mama, Rettung und Bewahrung vor Rauchen und Trinken für Malinda«. Unmöglich zu schätzen, wie viele Gebetsbitten, zu dicken blauen Bündeln der Sehnsüchte, Sorgen und Wünsche zusammengeschnürt, auf den Stühlen liegen. Da man aber bei TBN sozusagen rund um die Uhr direkt mit Gott in Kontakt steht, bleibt gewiss keine Bitte aus diesem riesigen Zwischenlager der Hilferufe ungehört.

Findet das schwarze Schaf nach Hause?

Barack Obama und
die »Trinity United Church of Christ«

Welch ein Ansturm auf Golgatha! Das mag bei Christenmenschen, die sich am Osterwochenende zum Karfreitagsgottesdienst in der Kirche versammeln, nicht ungewöhnlich
sein. Denn schließlich gilt es, des Opfer- und Sühnetodes
des Erlösers zu gedenken – und am dritten Tage dessen Auferstehung zu feiern. Ungewöhnlich war der Gottesdienst in
der »Trinity United Church of Christ« an der 95. Straße in
der South Side von Chicago am Karfreitag 2008 dennoch.

Denn mehr noch als vom Messias und dessen Märtyrer-
tod vor mehr als 2000 Jahren war von dessen Nachfahren in
unseren Zeiten und Breiten die Rede: Denen ergehe es heute
genauso wie dem Zimmermannssohn aus Bethlehem bei
dessen Kreuzigung in Jerusalem. Gewiss, das war in den sieben Karfreitags-Predigten von sieben verschiedenen Pfarrern zu den sieben letzten Worten Jesu Christi am Kreuz
nur gleichnishaft gemeint. Doch wenn man während des
vierstündigen Gottesdienstes in der vollbesetzten Kirche zu
Chicago die Augen schloss, um sich ein Bild zu machen von
all jenen, die in den feurigen und überaus lautstarken Predigten als Nachfolger Christi im Hier und Jetzt beschworen
wurden, so gewahrte man vor dem inneren Auge einen nicht
enden wollenden Zug von Menschen, die sich soeben von
ihren Kirchenbänken erhoben hatten, das Kreuz aufnah-

men und sich die Via Dolorosa ihres Lebens hinaufschlepp-
ten. All diese Leute hier, Junge und Alte, Frauen und Männer, die sich an die Brust schlugen, ihre Hände in die Höhe
rissen und »Predige, Pastor, predige!«, »Hallelujah!« oder
»Amen, amen!« riefen, hätten nie und nimmer auf der historischen Schädelstätte Platz gefunden.

Die »Trinity United Church of Christ« von Chicago war
für mehr als zwei Jahrzehnte die Kirche Barack Obamas,
seiner Frau Michelle und auch der beiden Töchter Malia
Anna und Sasha, die 1998 und 2001 geboren und hier getauft
wurden. Sogar 36 Jahre lang, bis zum Frühsommer 2008,
war Reverend Dr. Jeremiah A. Wright jr. der »Senior Pastor« der Kirche. Wrights umstrittene Äußerungen über
Amerika hatten Obama während der Vorwahlen im Frühjahr 2008 in schwere Bedrängnis gebracht, ehe der Senator
aus Illinois und seine Frau Michelle am 31. Mai 2008 ihren
Austritt aus der Kirche bekanntgaben.

Die Kirche liegt in keiner feinen Gegend. Nach einem
langen und kalten Winter, der sich über Ostern 2008 noch
einmal mit Schnee und Kälte unbarmherzig gezeigt hat, sind
die Straßen voller tiefer Schlaglöcher. Auf den Laternenpfählen entlang der Einkaufsstraßen sind Überwachungs-
kameras der Polizei montiert, an denen ein kleines blaues
Licht blinkt. Beim Friseurladen »Hair Werks« bekommt
man auch ohne vorherige Anmeldung einen Haarschnitt für
25 Dollar. Auf einem Werbeplakat wird Hilfe bei drohender
Zwangsversteigerung des überschuldeten Eigenheims angeboten. Auf einem anderen Plakat wird vor dem Umstand
gewarnt, es könne »tödlich sein, ein Baby zu schütteln«. Ein
Ghetto schwarzer Armut ist die Gegend um die 95. Straße
aber nicht. Der Abschnitt der Straße unmittelbar an der
»Trinity United Church of Christ« trägt den offiziellen Bei-

namen »Reverend Dr. Jeremiah A. Wright jr. Street«. In den Nebenstraßen der Kirche, die ihre Gläubigen aus einem beträchtlichen Einzugsgebiet anzieht, gibt es einstöckige Häuser mit liebevoll gepflegten Vorgärten. Ein paar Blocks weiter mag ein verlassenes Haus mit zugenagelten Fenstern gleich neben einem schmucken zweistöckigen Neubau stehen, vor dem die Flagge des traditionsreichen Footballklubs Chicago Bears im Wind flattert.

Man kann mit Fug und Recht sagen, dass der erstaunliche Erfolg von »Trinity« das Lebenswerk von Reverend Wright ist. Der hatte im März 1972 eine Kirche mit 87 Seelen übernommen und baute sie in beharrlicher Gemeindearbeit und durch seine fulminanten Predigten zu einer der bekanntesten schwarzen Megakirchen des Landes mit zuletzt mehr als 8500 Mitgliedern, mit siebzig Abteilungen und Dutzenden Pastoren und Sozialarbeitern aus. Zu den prominenten Besuchern des schmucklosen Kirchengebäudes, das mehr Amphitheater als Hallenkirche ist, gehören neben Obama und der Talkshow-Gastgeberin Oprah Winfrey auch bekannte Anwälte, Ärzte und Hochschullehrer. »Trinity« bietet heute von der Jugendbetreuung und Altenpflege über Tanz-, Yoga- und Musikkurse bis zur Hilfe für Gefangene, Alkoholiker und Aids-Kranke eine breite Palette von geistlichen und sozialen Diensten an. Das offizielle Motto der Kirche, das auf einer Messingplakette am Empfangspult prangt, lautet: »Unashamedly Black and Unapologetically Christian«, was etwa »Ohne Scham schwarz und ohne Ausflüchte christlich« heißt.

Über das von der »Trinity Nation« – so nennt man sich hier gerne – praktizierte und gepredigte Christentum lässt sich so trefflich streiten wie bei jeder anderen Denomination oder Konfession. Und tatsächlich stritt sich Amerika Anfang 2008 so heftig über die Kirche, über Reverend Wright und deren »ohne Scham schwarzes Christentum ohne Ausflüchte«, dass das politisch unkorrekte Thema Rassismus plötzlich im Mittelpunkt der Präsidentschaftswahlkampagne stand. Unstrittig aber war die Hautfarbe der Gottesdienstbesucher von »Trinity« am Karfreitag 2008: Neben einem der sieben Prediger waren allenfalls eine Handvoll Weiße unter der enthusiasmierten Gläubigenschar, die es immer wieder von den Bänken riss, wenn eine Predigt auf eine Klimax zusteuerte oder wenn Rhythmus und Melodie von Chor und Band sozusagen direkt in die Beine fuhren. Zwar sind die landesweit etwa 1,2 Millionen Mitglieder der politisch linksliberal orientierten evangelisch-reformierten Denomination »United Church of Christ« zu mehr als neunzig Prozent Weiße. Aber »Trinity« ist eine fast hundert Prozent schwarze Gemeinde in einer schwarzen Gegend im Süden von Chicago. Denn es bleibt eine Tatsache des religiösen Lebens in den USA, dass die Rassen und Ethnien in keinem Bereich der Gesellschaft so gründlich getrennt bleiben wie in den Bänken der christlichen Kirchen – und bis zu einem gewissen Grad auch in den Moscheen, Synagogen und Tempeln anderer Religionen.

Das wusste man nicht erst, seit der Streit um einige Predigtauszüge von Reverend Wright das Thema Rassismus in den Vordergrund der politischen Debatte gespült hatten. Wright hatte unter anderem seinen Schützling Obama, den er gut zwei Jahrzehnte zuvor nach einem Gottesdienst bei »Trinity« zum Bekenntnis zum Christentum bewegt hatte, mit Jesus verglichen: So wie dieser unter römischer Fremdherrschaft aufgewachsen sei, wisse Barack Obama, »was es bedeutet, in einem Land und einer Kultur aufzuwachsen, wo reiche weiße Leute die Kontrolle haben«. Hillary Clinton, Obamas innerparteiliche Konkurrentin um die Nominierung zum Präsidentschaftskandidaten, sei »niemals Nigger genannt worden«. Und Hillarys Ehemann, der frühere Präsident Bill Clinton, so Reverend Wright, »hat mit uns (Schwarzen, Anm.) gemacht, was er mit Monica Lewinsky gemacht hat«.

Zudem hatte Wright der (weißen) amerikanischen Regierung vorgeworfen, die Immunschwächekrankheit Aids »erfunden« und über die Schwarzen gebracht zu haben. Und er behauptete, die Regierung würde immerzu noch größere Gefängnisse für die vielen schwarzen Gefangenen bauen, vor allem aber habe sie durch ihre imperialistische Politik und auch den Einsatz von Atombomben im Zweiten Weltkrieg die Terroranschläge vom 11. September 2001 mitverursacht. Deshalb müsse man singen »Gott verdamme Amerika!« und nicht »Gott segne Amerika!«, hatte Wright in einer Predigt gewettert. Und das Kürzel USA, so Wright schließlich, müsse man mit jenem des weißen rassistischen Ku-Klux-Klans zu »USKKKA« ergänzen.

Nachdem Obama sich zunächst überrascht gezeigt hatte von den Tiraden seines Seelsorgers, verurteilte er später die Äußerungen Wrights ausdrücklich und sah sich sogar veranlasst, dem Thema Rassismus eine programmatische Rede zu widmen. Die Grundsatzrede von Philadelphia wurde von Obamas linken Anhängern erwartungsgemäß enthusiastisch aufgenommen, weil er damit das gewöhnlich unter den Teppich gekehrte Thema Rassismus angesprochen und sich als Brückenbauer über die Gräben zwischen den Rassen und Ethnien hinweg gezeigt habe. Seine rechten Kritiker sahen sich dagegen in ihrer Ansicht bestätigt, dass der als eine Art Heilsbringer des Wandels gepriesene Obama ein ganz gewöhnlicher Politiker der Linken sei; dass er sich ebenso opportunistisch wie seine innerparteiliche Konkurrentin Hillary Clinton bei jeder Gelegenheit dem jeweils anwesenden Publikum andiene; dass er also »vor eigenem Publikum« jahrelang die schwarze Opferideologie nachgebetet habe, um sich dann umstandslos von dieser zu distanzieren, um die Weißen nicht zu sehr zu erschrecken.

Bei »Trinity« jedenfalls – und auch in vielen anderen schwarzen Kirchen des Landes – lösten die als schreiend ungerecht empfundenen Angriffe gegen ihren verehrten Pastor Wright einen veritablen Sturm der Entrüstung aus, der an Karfreitag und Ostern 2008 donnernd von den Kanzeln wehte. Reverend Otis Moss, der von Wright (Jahrgang 1941) und der Gemeinde von »Trinity« zum neuen Senior Pastor auserkoren wurde, hatte zu dem besonderen Karfreitagsgottesdienst 2008 sieben Weggefährten und Schüler Wrights eingeladen, um über die sieben letzten Worte Christi am Kreuz zu predigen.

Es war ein Hochamt des Opferkults, bei dem gar nicht genug Vergleiche mit dem Leidensweg Christi angestellt werden konnten. Und selbstredend waren alle Leidensmänner und -frauen, die sich mit Inbrunst in den Zustand der Christusgleichheit versetzen ließen, schwarzer Hautfarbe. Pfarrer Eugene Robinson aus Memphis (Tennessee) nahm das erste Wort Christi am Kreuz (»Vater, vergib ihnen, denn sie wissen nicht, was sie tun.«) zum Anlass, mit Jesus zu streiten: Denn »die Bösen« von heute – genannt wurden in erster Linie die Nachrichtensender Fox News und CNN – wüssten sehr wohl, was sie täten, weil »sie nicht sehen wollen, was wir durchgemacht haben«. Pastor Lance Watson aus Richmond (Virginia) setzte das Imperium Rom mit dem Imperium USA sowie die Sklavenplantagen mit den Gefängnissen von heute gleich und tröstete die wieder einmal von ihren Sitzen aufgesprungenen Gläubigen mit dem Paradiesversprechen aus dem zweiten Wort Christi (»Amen, ich sage dir: Heute noch wirst du mit mir im Paradies sein.«)

Bischöfin Vashti McKenzie verglich in ihrer Predigt zum dritten Wort Christi (»Frau, siehe dein Sohn!«) Barack Obamas Ehefrau Michelle mit der Gottesmutter Maria, die am Kreuz steht, und dann ließ sie die Gemeinde den unvergänglichen Gospel »Stand by Me« singen. Der katholische Priester Michael Pfleger von der St.-Sabina-Gemeinde von Süd-Chicago, der einzige Weiße unter den Pfarrern, überschrie mit seiner Philippika zum vierten Wort (»Mein Gott, mein Gott, warum hast Du mich verlassen?«) alle anderen Prediger und geißelte eine verkommene Regierung in Washington, die »ein Labor im All reparieren lassen kann, aber nicht die Deiche von New Orleans«. Pfleger, seit 1981 Priester in der mehrheitlich schwarzen St.-Sabina-Gemeinde, wird in Chicago übrigens respektvoll »reverse Oreo« genannt: Statt wie das beliebte Oreo Sandwich-Keks, das aus einem dunkelbraunen Bisquit und einer weißen Milchcremefüllung besteht, sei Pfleger nur von außen weiß, aber im Inneren schwarz.

Lester McCorn aus Atlanta (Georgia) nannte in seiner Predigt zum fünften Wort (»Mich dürstet.«) in einem Atemzug den dürstenden Christus am Kreuz, den legendären schwarzen Basketballer Michael Jordan, der trotz einer Fiebererkrankung ein Finale für die Chicago Bulls noch herumzureißen vermochte, sowie den Pastor Wright und den Politiker Obama, die ebenfalls nach einer Durststrecke »wieder im Spiel« sein würden. Die Predigten von Dewey Smith aus Decatur (Georgia) und Rudy McKissick aus Jacksonville (Florida) zu den Worten sechs (»Es ist vollbracht.«) und sieben (»Vater, in Deine Hände lege ich meinen Geist.«)

endeten jeweils in schrillen, langgezogenen Schreien, nachdem die Gastpastoren die »Trinity Church« wieder einmal mit Christus am Kreuz gleichgesetzt hatten. Und nachdem sie überdies (an die Weißen?) die Warnung ausgestoßen hatte, dass verdammt sei, wer sich »mit dem Gesalbten anlegt«.

Was bei »Trinity« und in ungezählten anderen Kirchen der Schwarzen nicht nur an diesem Karfreitag, sondern Sonntag um Sonntag in der Tradition der schwarzen Befreiungstheologie als Leidensschrei und zugleich als Aufruf zum Respekt vor der historisch durchaus wirklichen Leidensgeschichte der als Sklaven nach Amerika verschleppten Schwarzen ausgestoßen wird, kommt bei vielen Weißen als der ewige Vorwurfsruf »Ihr seid schuld!« an. Und oft genug wird der von vielen Weißen mit dem Gegenvorwurf des Vaterlands- und Amerikahasses vergolten. Vor lauter Leiden und Rufen ist dann von den christlichen Tugenden des Vergebens und Verzeihens nicht die Rede, was gerade bei einem Karfreitagsgottesdienst als extreme theologische Verkürzung erscheinen muss.

Bei einem denkwürdigen Auftritt Ende April 2008 beim »National Press Club« in Washington bekräftigte Wright nicht nur alle seine umstrittenen Aussagen sowie die in seiner Kirche gepredigte enge Auslegung der »schwarzen Befreiungstheologie«, wie sie in den sechziger und siebziger Jahren des 20. Jahrhunderts vor allem von dem New Yorker Theologen James H. Cone entwickelt wurde. Er wies auch ausdrücklich alle gegen ihn persönlich erhobenen Vorwürfe als Angriffe »gegen die schwarze Kirche« schlechthin zurück. Dies wiederum brachte viele andere Schwarze – Geistliche wie Laien – gegen den egozentrischen Pastor auf, denn es gebe auch zahlreiche andere schwarze spirituelle Traditionen und Positionen als nur eben jene extrem politisierende, die Wright und seine Schüler an der »Trinity United Church of Christ« von Chicago vertreten würden. Zu den Anschlägen vom 11. September 2001 sagte Wright abermals – wie schon kurz nach dem terroristischen Massenmord von New York und Washington bei einer Predigt in seiner Kirche in Chicago –, diese seien so etwas wie die Vergeltung für eine verkommene amerikanische Außenpolitik: »Man kann nicht andere Völker terrorisieren und erwarten, dass das nicht irgendwann zurückschlägt.« Selbst die abstruseste aller antiamerikanischen Unterstellungen, wonach die Regierung in Washington das Aids-Virus entwickelt habe, um die Schwarzen zu dezimieren oder womöglich auszulöschen, wollte Wright nicht zurückweisen: »Wenn ich sehe, was den Afroamerikanern in diesem Lande alles widerfahren ist, traue ich der Regierung alles zu.« Den Führer der schwarzen Muslimbewegung »Nation of Islam«, Louis Farrakhan, pries Wright »als eine der wichtigsten Stimmen des 20. und 21. Jahrhunderts«, auf den »das schwarze Amerika hört, gleichviel ob es mit ihm übereinstimmt oder nicht«.

Tatsächlich stehen Wright und Farrakhan exemplarisch für eine schwarze christliche und muslimische polit-theologische Tradition, die gleichermaßen aus dem Protest gegen die weiße Unterdrückung und Rassentrennung geboren wurde. Es ist kein Zufall, dass von Martin Luther King über Jesse Jackson bis zu Al Sharpton schwarze Prediger die Führungsfiguren der politischen Emanzipationsbewegung waren. Auf muslimischer Seite haben die selbsternannten Imame Elijah Muhammad, Malcolm X und Louis Farrakhan diese politische Führungsfunktion ausgefüllt. Doch der zunächst emanzipatorische Impuls zur Schaffung einer besonderen schwarzen Identität (»ohne Scham schwarz«) schlug über die Jahre und Jahrzehnte, zumal nach den irreversiblen Siegen und unbestreitbaren Erfolgen der Bürgerrechtsbewegung, in eine rückständige separatistische Ideologie um. Schwarze Theologen wie der Autor des Buches »The Decline of African American Theology«, Thabiti Anyabwile, beklagen ausdrücklich die Verarmung der schwarzen protestantischen Theologie durch eine einseitige Politisierung. »Wenn Jesus Christus irgendeine Bedeutung für uns haben soll, dann muss er die Sicherheit der Vorstädte verlassen und die Lebensbedingungen der Schwarzen teilen«, heißt es in Cones Standardwerk »A Black Theology of Liberation« von 1970. Und weiter schreibt Cone: »Wozu brauchen wir einen weißen Jesus, wenn wir selbst nicht weiß sind, sondern schwarz? Wenn Jesus Christus weiß ist und nicht schwarz, dann ist er ein Unterdrücker, und wir müssen ihn töten.«

Anyabwile sieht in den Positionen Cones und Wrights den »Niedergang auf breiter Front einer auf die Bibel, auf Gott und auf die Schrift zentrierten Theologie« in den schwarzen Kirchen Amerikas. Dort werde Politik und christliche Religion auf eine Weise verquickt, dass der schwarze Opfermythos perpetuiert werde, statt ihn zu durchbrechen. Die Rassenfrage wird damit gerade nicht transzendiert, wie es Obama in seiner Frohen Botschaft des Wandels verkündet, sondern sie mündet in einen schwarzen Rassismus. Als Obama im Februar 2007 die Bekanntgabe seiner Präsidentschaftskandidatur plante, nahm er seinen langjährigen geistlichen Mentor Wright zur Seite und ließ ihn wissen, man wolle bei der Gelegenheit auf ein Bittgebet von ihm verzichten. »In Predigten können Sie ziemlich hart sein, deshalb haben wir uns entschieden, dass es am besten für Sie ist, nicht öffentlich aufzutreten«, habe Obama ihm schon damals gesagt, berichtete Wright später. Dass Obama mehr als ein Jahr später von Wrights unveränderter polit-theologischer Botschaft so überrascht sein wollte, dass er sie als »lächerlich, abscheulich und beleidigend für alle Amerikaner« beschreiben musste und sich umgehend mit der feierlichen Feststellung, »es widerspricht allem, wofür ich stehe und wer ich bin«, von ihr distanzierte, überzeugte Pastor Wright nicht. »Politiker sagen, was sie sagen, und sie tun, was sie tun, mit Blick auf ihre Wählbarkeit. Sie richten sich nach Wortschnipseln und nach Umfrageergebnissen«, sagte Wright. Der Hirte hat die Hoffnung aufgegeben, das verlorene schwarze Schaf könne den Weg nach Hause finden.

In vierzig Schritten zu Gott

Hawaii-Hemd statt Kulturkrieg:
Rick Warrens kalifornische Öko-Kirche

Die »Refinery« (Raffinerie) ist fertig – auch wenn es nicht
danach aussieht. Denn der jüngste Neubau auf dem ausladenden Campus der »Saddleback Church« in Lake Forest
ist im Stil einer alten Fabrik- oder Lagerhalle aus Backstei-
nen, Holzbohlen und Eisenblech gehalten. Das ist aber nur
eine ästhetisch gewollte optische Täuschung. In Wahrheit
ist alles aus Beton gebaut, und was wie ein billiges Blech-
dach aussieht, ist in Wirklichkeit ein »grünes Dach« aus
hochwertigem, wärmedämmendem Material. Überhaupt ist
das zweistöckige Gebäude, das vor allem den Pfarreien für
Mittel- und Oberschüler dient, aber auch der erste Anlauf-
punkt für Besucher und Neugierige sein soll, eine umwelt-
politische Pioniertat. Es hat mehr als zwanzig Millionen
Dollar gekostet und wird das erste Gebäude in der 80 000-
Einwohner-Stadt Lake Forest südlich von Los Angeles sein,
welches das LEED-Prädikat für energiesparende und um-
weltfreundliche Bauweise erhält.

Überhaupt wird man in der »Refinery« auf Schritt und
Tritt mit allerlei Schildchen, Aufschriften und Broschüren
daran erinnert, wo welche Energiesparlösungen eingesetzt
wurden. Die Aufzüge verbrauchen weniger Strom, es wurden sparsame Halogenbirnen in sämtliche Lampen ge-
schraubt, auch die Klimaanlage ist ein energiesparendes Mo-

dell, die Isolierfenster halten zusätzlich Hitze ab. Die Toiletten und Pissoirs verbrauchen weniger Wasser zum Spülen, neben den Waschbecken mit den sparsamen Wasserhähnen stehen Seifenspender mit umweltfreundlicher Seife.

Die »Saddleback Church« wurde 1980 von Pastor Rick Warren gegründet, die ersten Gottesdienste der kleinen Schar von Gläubigen fanden in gemieteten Räumen statt. Damals war Warren, Sohn eines Baptisten-Predigers, ein 25 Jahre junger Pastor und legte, wie er heute erzählt, eine Art Gelübde ab: Er werde vierzig Jahre an dieser Kirche bleiben. »Wenn ich vierzig Jahre an diesem einen Ort bin, was werde ich tun?«, fragte sich Warren damals. Heute kommen Woche um Woche zirka 22000 Besucher zur »Saddleback Church«. Die Kirche ist unter den amerikanischen Megakirchen nicht nur die viertgrößte – nach Joel Osteens »Lakewood Church« in Houston (Texas) mit 47000 Gottesdienstbesuchern wöchentlich sowie Bill Hybels' »Willow Creek Community Church« in South Barrington (Illinois) und Edwin Youngs »Second Baptist Church« ebenfalls in Houston mit jeweils gut 23000. Rick Warrens »Saddleback Church« dürfte auch wegen der Tiefe und der Breite ihres theologischen, politischen und sozialen Zugriffs jenes Modell einer Megakirche sein, das in der Zukunft am meisten Wirkkraft entfaltet.

Zwar halten Warren, dessen Markenzeichen über all die Jahre das bei Gottesdiensten wie in der Freizeit getragene Hawaii-Hemd geblieben ist, sowie die anderen Pfarrer von »Saddleback« an den theologischen und auch politischen Grundüberzeugungen der evangelikalen Christen fest: Sie glauben prinzipiell an die Bibel als Gottes sozusagen wortwörtliches Wort; sie glauben an die Schöpfung, akzeptieren aber die Evolutionstheorie zur partiellen Erklärung des

Verlaufs der Naturgeschichte; sie sind gegen die Abtreibung und streben langfristig als politisches Ziel eine Revision des Urteils des Obersten Gerichts im Fall »Roe versus Wade« von 1973 an, welches de facto ein fast unbeschränktes Recht auf Abtreibung festgelegt hatte; sie halten Homosexualität weiter für eine Sünde und wollen die Ehe als spirituelle Grundlage der christlichen Familie auf die Lebensgemeinschaft eines Mannes und einer Frau beschränkt sehen, halten aber am Gebot fest, auch und gerade den Sünder zu lieben und nur die Sünde zu hassen.

Doch diese moralethisch und sozial konservativen Grundüberzeugungen werden in der »Saddleback Church« nicht wie die Fahne für einen Kulturkrieg gegen das von Gott abgefallene linke politische und kulturelle Establishment herumgetragen. Vielmehr sind andere Themen hinzugetreten, die für weit mehr Menschen in den USA von Bedeutung sind als nur für den wachsenden Kreis der etwa 70 Millionen evangelikalen Christen. Der Umweltschutz und eine verantwortliche Energiepolitik werden als Auftrag zur Bewahrung der Schöpfung und zugleich als politische Mission verstanden: Das neue »Refinery«-Gebäude auf dem palmenbestandenen, von saftig grünen Rasenstücken und plätschernden Wasserläufen geprägten Campus der »Saddleback Church« ist die Botschaft, dass unsere Welt ein Gottesgeschenk ist, wie es der Garten Eden eines war, und deshalb geschützt werden muss. Im Foyer der »Refinery«, die jeden Nachmittag – nicht nur an Sonntagen – vom Palaver der Kinder und Jugendlichen erfüllt ist, steht ein Behälter zum Sammeln von Plastikflaschen. Vier Flaschen ergeben eine Bibel, wird auf einem Handzettel erklärt. Recycling ist doppelt gottgefällig: Zuerst wird die Schöpfung geschont, und dann können mit dem Erlös für die gesammelten Getränkebehälter – Kalifornien ist einer von elf Bundesstaaten mit einem Dosen- und Einwegflaschenpfand – Bibeln zur Weltmission angeschafft werden. Der Kampf gegen Armut und Seuchen in den Entwicklungsländern ist ein weiteres Thema, das in der Saddleback Church sowie in deren Nachfolge in vielen anderen evangelikalen Kirchen in den Vordergrund gestellt wird. Zur zweiten Jahreskonferenz zum Thema »Aids und die Kirche« folgten im Dezember 2006 mehr als sechzig Redner dem Ruf von Pastor Rick Warren nach Lake Forest, unter ihnen Senator Barack Obama. Im Jahr darauf sprach Senatorin Hillary Clinton.

Rick Warren weiß schon heute – weniger als dreißig statt der versprochenen vierzig Jahre bei »Saddleback« – nicht mehr, wie er seine Termine unter einen Hut bringen soll. Denn Warren gilt unter allen evangelikalen Predigern Amerikas als der einflussreichste. Wenn einer das Erbe des globalen Wanderpredigers und evangelikalen Missionars Billy Graham antreten kann, dann ist es Rick Warren. Wesentlicher Bestandteil seines Erfolgs ist der im Jahre 2002 erschienene Mega-Seller »The Purpose Driven Life« (auf Deutsch unter dem Titel »Leben mit Vision« erschienen), ein inzwischen in mehr als 26 Millionen Exemplaren verkaufter Ratgeber zum Finden Gottes und zumal eines gottgefälligen christlichen Lebenszwecks in vierzig Schritten – einer für jeden Tag. Die Fachzeitschrift *Publishers Weekly* will herausgefunden haben, dass »The Purpose Driven Life« der erfolgreichste Sachbuchtitel in der Geschichte des Buchdruckes ist – sieht man von der Bibel ab, zu welcher »The Purpose Driven Life« gerade führen will. Der Untertitel des Buches lautet »What On Earth Am I Here For?«, und die Antwort wird in fünf »Purposes«, Bestimmungen oder Zwecken, gegeben, die Gott für den Menschen ausersehen hat. Der inzwischen berühmte erste Satz des Buches, das sich als das ultimative Anti-Selbsthilfebuch versteht, lautet: »Es geht nicht um dich.« Vielmehr gehe es bei der Suche nach einem erfüllten Leben gerade darum, zu erkennen, welche Bestimmung Gott für den Menschen ausersehen habe. Diese Bestimmungen sind die Anbetung Gottes (Worship), die Gemeinschaft der Christen (Fellowship), die Jüngerschaft, um Christus gleich zu werden (Discipleship), der Dienst für Gott und für dessen Willen (Ministry) und die Verbreitung dieser Botschaft zur Missionierung und Evangelisierung der Welt (Mission).

Zum riesigen Verkaufserfolg des Buches trugen vor allem zwei Umstände bei: Mehr als 20 000 Kirchengemeinden, Unternehmen, Vereine und informelle Gemeinschaften haben das Buch in Lieferungen zu einigen Dutzend bis zu vielen Hundert Exemplaren zu Vorzugspreisen abgenommen und es dann – mit einem kleinen Gewinnanteil für sich selbst – an die Lesegruppen und Kursteilnehmer weitergegeben. Mehr als 400 000 Pastoren und Kirchenmitarbeiter haben seit dem Erscheinen des Buches an Seminaren über den persönlichen Lebenswandel und die Führung einer Kirchengemeinde nach den Prinzipien der fünf Bestimmungen teilgenommen. Verkaufsfördernd wirkte zudem eine von allen Nachrichtensendern live übertragene Geiselnahme vom 12. März 2005. In einem Vorort von Atlanta im Bundesstaat Georgia hatte nachts um zwei Uhr der mutmaßliche Vergewaltiger Brian Nichols, der tags zuvor auf der Flucht aus dem Gerichtssaal vier Menschen erschossen hatte, die Kellnerin Ashley Smith in ihrer Wohnung als Geisel genommen. Nichols fesselte zunächst die verwitwete Mutter einer kleinen Tochter, die in der betreffenden Nacht glücklicherweise bei Freunden übernachtete. Die junge Frau sprach offenbar

ohne Angst und beruhigend mit ihrem Peiniger, der schließlich ihre Fesseln löste – und sich ein Frühstück mit Rührei,
Speck und Pfannkuchen von Ashley Smith bereiten ließ.
Vor allem aber ließ sich Nichols nach acht Stunden Geiselnahme, ohne Widerstand zu leisten und offenbar im Frieden
mit sich selbst, von der Polizei festnehmen. Der Mörder
und Geiselnehmer und sein Opfer hatten nämlich zusammen in Warrens Buch gelesen, zumal im Kapitel 33, in dem
es darum geht, wie man als »wirklich Dienender handelt«.
Bis zu diesem Schritt war die junge Frau aus Atlanta, die von
der amerikanischen Nation sogleich als Heldin der christlichen Mission adoptiert wurde, bei der Lektüre des Buches
gekommen. Und für Nichols war die Begegnung mit seiner
milden Geisel und mit Pastor Warrens Buch der Beginn eines neuen Lebens – das er freilich wohl bis zu seinem Tod
hinter Gittern wird verbringen müssen. »Er sagte mir, er sei
mein Bruder in Christus, und Gott habe ihn zu mir geführt«, ließ die von ihrem bekehrten Geiselnehmer befreite
junge Frau später wissen.

Die Entwicklung der Saddleback-Kirche, die durch Warrens Bestseller maßgeblich beflügelt wurde, lässt sich in drei
Phasen einteilen. Und in jeder der drei Etappen hielt Warren, anders als die für ihren oft luxuriösen Lebenswandel
samt Rolls-Royce und Privatflugzeug bekannten und kriti-
sierten Wohlstands-Prediger wie Creflo Dollar aus Atlanta
oder Joyce Meyer aus St. Louis, gemeinsam mit seiner Frau
und den drei erwachsenen Kindern an einem bescheidenen
Lebenswandel fest. In der ersten Phase während der achtziger Jahre eroberte Warren den Landkreis Orange in Südkalifornien für sich, gewann unter den noch nicht geretteten
Seelen einer von Kirchen und geistlichen Angeboten bis dahin unterversorgten Wohngegend immer mehr Kirchgänger

und Anhänger. Die neunziger Jahre katapultierten ihn und seine Kirche, deren Angebot vom Gottesdienst über Kinderbetreuung, Begegnungskreise, Krisen- und Krankheitsberatung bis zur jüngst besonders verstärkten Jugendarbeit reicht, zu nationaler Bekanntheit. Vor wenigen Jahren ließ Warren seine Gemeinde wissen, nun sei es an der Zeit, »global zu werden«, die Mission der Bestimmung in alle Welt zu tragen. Seither sind Dutzende Pastoren und vor allem Tausende von Kirchenmitgliedern der »Saddleback Church« zu Missionsaufenthalten von einigen Wochen bis zu vielen Jahren nach Lateinamerika, Asien und vor allem Afrika aufgebrochen. Vor allem mit Ruanda ist »Saddleback« eng verbunden – und Rick Warren hat mit Präsident Paul Kagame Freundschaft geschlossen. Im März 2008 ließ der ruandische Präsident wissen, er könne sich vorstellen, dass sein Land die erste »Purpose Driven Nation« wird.

Eine Pizza für ein Ave Maria

*Floridas katholisches Bollwerk
gegen eine gottferne Welt*

»Nimm diesen, Mohammed!«, sagt Pater Joseph Fessio und lächelt spitzbübisch. Das tut er oft, doch zeugt sein Lächeln nicht von der bloßen Lust am Jokus. Joseph Fessio hat ein Talent, in mitunter hinreißend komischen Formulierungen über sehr ernste Gegenstände zu reden. So verhält es sich auch mit seiner spielerischen Herausforderung an den Propheten und Gründer des Islam.

Wir kommen soeben von der Chorprobe. Die gut zwei Dutzend Studenten haben, von Chorleiter und Musikprofessor Lynn Kraehling am Klavier begleitet, gerade sehr beachtlich einen Passus aus Beethovens Choral-Fantasie Opus 80 gesungen – und zwar mit dem deutschen Text. Der Besucher aus Deutschland freut sich über die nette Geste und auch über die Gesangsleistung, und er bedankt sich herzlich für das ihm dargebrachte Ständchen. »Auf Wiedersehen!«, sagen der Chorleiter und seine Sänger, die offenbar nicht nur deutsch singen, sondern auch sprechen können, ein paar Wörter jedenfalls.

Pater Fessio singt nicht im Chor, aber er liebt Sakralmusik, und er liebt vor allem seine Studenten, die im Chor singen. Deshalb geht er jeden Mittwochnachmittag zur Chorprobe in die große Halle der Mensa, um den Chorsängern beim Proben zuzuhören, weil er eben Sakralmusik liebt, aber auch, um ihnen gewissermaßen seine Aufwartung zu machen. Er will sie bestärken und ermuntern – in allem, was sie tun an der Ave-Maria-Universität in Ave Maria im Südwesten Floridas.

Es sind nur ein paar Schritte von der Mensa über den nagelneuen Campus zum Wohnheim für die männlichen Studenten. Dort, im Erdgeschoß, ist auch das funktional eingerichtete Appartement von Pater Fessio untergebracht, in dem es sehr nach Junggesellenleben aussieht und auch ein wenig danach riecht. Überall liegen Bücher herum, dazu Zeitschriften, Zeitungen, Papiere.

Pater Fessio stellt das erbetene Glas Wasser auf den Couchtisch und erklärt, was es mit dem symbolischen Nasenstüber gegen Mohammed kurz nach der Chorprobe auf sich hatte: »Der Islam kennt keine Sakralmusik. Welchen Reichtum haben dagegen wir Christen darin, seit Jahrhunderten!« Tatsächlich gibt es keine genuine Tradition muslimischer Sakralmusik, weil die einschlägigen Stellen im Koran sowie in den Hadithen, den wesentlichen Sammlungen mündlich überlieferter Äußerungen des Propheten, die Musik in keinem guten Licht erscheinen lassen. Sie wird als Form des verwerflichen Zeitvertreibs in eine Reihe etwa mit dem Glücksspiel, der Trunksucht oder dem Ehebruch gestellt. Freilich gibt es auch von dieser im Ganzen musikfeindlichen Tradition des Islam Ausnahmen, vor allem bei den Sufis mit ihren singenden und tanzenden Derwischen.

Ginge es bei einer Auseinandersetzung des Christentums mit dem Islam nur um die musikalische Ausdrucksfähigkeit beim Lobpreis Gottes, hätten die Christen nichts zu fürchten: Sie singen und musizieren lauter, vielfältiger, tiefer und breiter als die Muslime. Denn darüber, über ein Kräftemessen, womöglich einen regelrechten Kulturkampf zwischen dem (katholischen) Christentum und dem Islam denkt Pater Fessio seit vielen Jahren nach. Und deshalb ist er auch zur Ave-Maria-Universität nach Ave Maria gekommen und hiergeblieben, obwohl der 1941 geborene Jesuitenpater und Theologieprofessor dank seines feurigen Temperaments schon manchen Zank mit der Universitätsführung hatte. Und obwohl er das hier im Südwesten Floridas besonders heiße und feuchte Klima hasst: Schließlich heißt die Gegend hier, wo seit 2005 die katholische Ave-Maria-Universität, die benachbarte Stadt gleichen Namens samt den mäandernden Wohnvierteln einschließlich integrierter Golfplätze und künstlicher Seen aus dem Boden gestampft wurden, nicht umsonst »Corkscrew Swamp«, Korkenziehersumpf. Statt monatelang in einem subtropischen Sumpf zu schmachten, wo man es eigentlich nur in klimatisierten Räumen aushält, wäre Fessio lieber öfter in San Francisco. Dort befindet sich der 1978 von ihm gegründete Verlag Ignatius Press, in dem Fessio seit Jahr und Tag unter anderem die Schriften eines bedeutenden deutschen Theologen namens Joseph Ratzinger verlegt. Bei dem hatte er 1975 in Regensburg zur Ekklesiologie von Hans Urs von Balthasar promoviert. Der Aufstieg seines Doktorvaters zum Heiligen Vater hat den Absatz vor allem der Bücher von Papst Benedikt XVI. bei Ignatius Press erfreulich erhöht. »Wir erwirtschaften einen Überschuss«, sagt Fessio über seine Fortune als Verleger. Bei Ignatius Press erschien im Juni 2008 unter dem Titel »Christ Our Hope« auch das reichbebilderte offizielle Gedenkbuch zur Erinnerung an die apostolische Reise Benedikts XVI. in die USA vom 15. bis 20. April 2008.

»In San Francisco verbringe ich allenfalls fünf Prozent meiner Zeit«, seufzt Pater Fessio, aber er weiß auch, dass er hier im Sumpf von Florida dringender gebraucht wird als im

allezeit luftigen San Francisco in Kalifornien, wo seine langjährigen Mitarbeiter die Verlagsarbeit machen. Denn im
Herbst 2007 sind die ersten 600 Studenten auf dem nagelneuen Campus der Ave-Maria-Universität eingetroffen. In
den ersten Jahrgängen waren weniger als zehn Prozent der
Studenten Ausländer, angestrebt ist ein Anteil ausländischer
Studenten von zwanzig Prozent. In wenigen Jahren sollen
bis zu 6000 Studenten bei Ave Maria, der ersten katholischen Hochschulgründung seit mehr als vierzig Jahren in
den USA, eingeschrieben sein. Auch Papst Benedikt XVI.
verfolgt offenbar aufmerksam und mit Wohlgefallen das
einzigartige, buchstäblich auf die grüne Wiese hingestellte
Projekt einer Universität mit dem Namen der Gottesmutter. »Wie steht es um Ave Maria?«, habe der Heilige Vater
bei der letzten Zusammenkunft des »Schülerkreises« ge-
fragt, zu welchem der einstige Regensburger Theologie-
Professor trotz päpstlicher Verpflichtungen noch immer
jedes Jahr im September seine Doktoranden einlädt. Es
stehe gut um Ave Marie, habe er ihm antworten können,
sagt Fessio.

»Wir wollen uns vergleichen können mit Universitäten wie Harvard oder Princeton«, steckt Universitäts-Präsi-
dent Nicholas Healy das ehrgeizige Ziel ab. Es geht ihm
aber nicht nur um akademische Spitzenleistung in den geis-
tes- und naturwissenschaftlichen Fachbereichen, von Biolo-
gie und Chemie, Mathematik und Physik über Geschichte,
Literatur, Philosophie, Theologie und Kirchenmusik bis hin
zu Wirtschaft. Es geht um die Schaffung eines katholischen
Bollwerks inmitten einer zunehmend gottfernen Welt. Es
geht um die Verteidigung einer christlichen »Kultur des
Lebens« im säkularisierten Zeitalter der millionenfachen
Abtreibungen, der Homosexuellenehe, der hedonistischen

Selbstverwirklichung und des alarmierenden Rückgangs der Geburtenrate vor allem in Europa. Und es geht um die Auseinandersetzung mit dem Machtanspruch des Islam, den Healy als die »Herausforderung unseres Jahrhunderts« bezeichnet.

»Die Fundamente unserer westlichen Zivilisation bröckeln. Wir befinden uns in den Anfängen einer Krise welthistorischen Ausmaßes«, warnt Präsident Healy und beklagt den »wachsenden Verlust der christlichen Identität Europas.« Während »der Aufstieg des militanten Islam Schockwellen über die Erde schickt«, drohe Europa wegen des Zustroms muslimischer Einwanderer und angesichts der »Einfalt und Schwäche seiner Eliten« zunehmend islamisiert zu werden. »Glauben wir, dass unser Lebensstil und unsere Werte es wert sind, verteidigt zu werden – selbst um den Preis des Todes?«, fragt Healy dräuend.

Pater Fessio jedenfalls will sich, seine Studenten und möglichst viele katholische Christen für diesen Epochenkampf gegen die »Belagerung des Westens« wappnen. »Diese niedrigen Geburtenraten werden für uns nicht funktionieren«, sagt er, und wenn die gegenwärtigen demografischen Entwicklungen andauerten, »dann sehe ich für Europa kein anderes Ergebnis, als bald Nordafrika zu gleichen.« Schließlich habe es in der Frühzeit des Christentums in Maghreb-Staaten wie Ägypten, Algerien, Libyen und Marokko lebendige und gedeihende christliche Gemeinden gegeben – und heute könne man dort seinen christlichen Glauben nicht mehr ohne Angst erklären, und in manche Staaten könne man nicht einmal eine Bibel einführen. »Der Gedanke macht mich krank, Notre-Dame in Paris als Moschee zu erleben«, sagt Fessio und lächelt über eine Formulierung, die er selbst offenbar für besonders gelungen hält.

Zwar würden auch in den USA nicht genügend Kinder geboren – »wir haben Abtreibung, wir haben Verhütung, wir haben das Ideal der Familie mit einem Kind oder zwei Kindern«, beklagt Fessio. »Aber wo kommt denn unsere Immigration her? Aus Ecuador, aus Mexiko, aus Kuba, aus Guatemala. Und diese Leute sind Christen.« Dann lächelt Fessio abermals und verkündet: »Die Latinos sind zentral für die Verteidigung der westlichen Werte.« Wenn wir gemeinsam mit den hispanischen Einwanderern die Treue zur Heiligen Schrift bewahren, wenn wir die Treue zu Christus und zum Leben in der Familie bewahren, wenn wir die Treue zur Fortpflanzung und zur Fruchtbarkeit in der Ehe bewahren, dann haben wir eine Chance, so Fessio. Aber diese Chance kann durch den Einfluss der öffentlichen Schulen auf die Kinderseelen sogleich wieder verspielt werden, warnt Fessio, der jetzt vielleicht mit einer Bibel fuchteln würde, hätte er eine zur Hand. Jedenfalls setzt sich der Pater energisch für das Recht auf »home schooling« ein, auf den Schulunterricht in den eigenen vier Wänden durch die Eltern. Etwa die Hälfte der Studenten an der Ave-Maria-Universität sind »home schooled«, sie sind also daheim von ihren Eltern bis zur Hochschulreife gebracht worden, und viele schneiden bei den standardisierten Prüfungstests zum Schulabschluss deutlich besser ab als die Absolventen der öffentlichen Highschools. »Die Schulen in den Wohnzimmern sind die Klöster des neuen dunklen Zeitalters«, verkündet Fessio und lächelt schon wieder.

Seit der Lehrbetrieb auf dem neuen Campus in Ave Maria begonnen hat, konzentriert sich der Jesuitenpater und Theologieprofessor auf die Lehrtätigkeit. Aus der administrativen Führung der Universität, die von 2002 bis 2007 in provisorischen Gebäuden im nahen Naples an der Golfküste Floridas untergebracht war, hat er sich zurückgezogen. Trotz manchen Streits mit der jetzigen Führung der Universität – etwa um die nach Fessios Ansicht ungenügende Öffentlichkeits- und Pressearbeit –, lässt Fessio über den Gründer und Finanzier der Universität nichts kommen: »Ohne ihn wären wir alle nicht hier«, sagt Fessio. Tatsächlich gäbe es die Ave-Maria-Universität am Ave Maria Boulevard 5050 in Ave Maria nicht ohne den Pizza-Milliardär Tom Monaghan. Monaghan wurde 1937 in Ann Arbor in Michigan geboren, wuchs nach dem frühen Tod des Vaters in einem Nonnenkloster auf und brachte es als Klassenschlechtester und College-Abbrecher mit seinen Pizza-Restaurants zu einem enormen Vermögen. Vor einigen Jahren hat er sich entschieden, in Armut zu sterben. Seither gibt er Hunderte von Millionen Dollar für karitative Zwecke und vor allem für die Ave-Maria-Universität aus.

Es ist die klassische und noch immer wahre amerikanische Geschichte vom Tellerwäscher zum Millionär und zum Philanthropen. Nachdem sich Monaghan als Zeitungsjunge, Lastwagenfahrer und Fischer durchgeschlagen hatte, verpflichtete er sich 1956 bei der Marineinfanterie. Nach seiner ehrenhaften Entlassung lieh Monaghan sich gemeinsam mit seinem Bruder James 500 Dollar von der Bank, um ein Unternehmen zu gründen. Weitere 900 Dollar steuerten die Brüder an Eigenkapital bei und eröffneten im Jahre 1960 in dem Städtchen Ypsilanti im ländlichen Michigan das kleine Pizza-Restaurant »DomiNick's«. Sein Zertifikat als Pizzabäcker hatte sich Tom Monaghan bei einem viertelstündigen Backkurs erworben. Heute ist »Domino's Pizza«, wie die Schnellrestaurant-Kette seit 1961 heißt, mit fast 8300 Filialen in mehr als fünfzig Ländern vertreten und erwirtschaftet einen Jahresumsatz von etwa 1,5 Milliarden

Dollar. 1998 hat sich Monaghan aus der Leitung seines Pizza-Imperiums zurückgezogen. Er verkaufte die Mehrzahl seiner Domino's-Aktien im Wert von fast einer Milliarde Dollar, verfügt aber bis heute noch über einen Anteil von 27 Prozent der Wertpapiere.

»Der Erfolg hat mich hinweggetragen«, erinnert sich der geläuterte Milliardär heute, »ich habe mir lauter Spielzeug zugelegt.« So war Monaghan für seine Vorliebe für Flugzeuge, Jachten und Autos bekannt. In den frühen achtziger Jahren umfasste seine Sammlung von Oldtimern mehr als 250 Autos, zu ihr gehörte ein Bugatti Royal, von dem es insgesamt nur sechs Exemplare gibt und den sich Monaghan gut acht Millionen Dollar kosten ließ. Eine weitere Leidenschaft Monaghans war und ist der Architekt Frank Llyod Wright (1867 bis 1959). Das Hauptquartier von »Domino's Pizza« in Ann Arbor ist ganz dem Stil des amerikanischen Architekten nachempfunden. Für eine von Wright entworfene Esszimmergarnitur gab Monaghan 1,6 Millionen Dollar aus. Auch das erfolgreiche Baseball-Team Detroit Tigers gehörte von 1983 bis 1992 zu seinem Besitz. Die Entscheidung, sich vom Mammon abzuwenden und sein Leben ganz in den Dienst Christi und der Kirche zu stellen, fiel nach der offiziellen Lebensgeschichte Monaghans im Jahre 1984 nach einer Audienz bei Papst Johannes Paul II. in Rom. Von dort brachte er unter anderem die Überzeugung mit, »dass die Geschichte vor allem eine Schlacht zwischen Gut und Böse ist«. Seinen finanziellen und persönlichen Einsatz für die Sache des Christentums im Allgemeinen und des Katholizismus im Besonderen begründet Monaghan damit, dass er bei diesem Epochenkampf »nicht an der Seitenlinie stehen« und sich zudem »einen Platz im Paradies sichern« wolle. Monaghan geht seit seiner Bekehrung beim Papst –

gewissermaßen die katholische Variante der geistlichen Wiedergeburt bei den protestantischen Evangelikalen – jeden Tag zur Messe, er beichtet und betet den Rosenkranz nach einem eisern eingehaltenen Stunden- und Tagesplan. Neben der eigenen Erlösung hat er sich auch zum Ziel gesetzt, »so vielen Menschen wie möglich zu helfen, in den Himmel zu kommen«, sagt er.

Nach der Gründung und Finanzierung von Kindergärten und Schulen, des gemeinnützigen katholischen Thomas-Morus-Zentrums für Recht in Ann Arbor zur Verteidigung und Förderung von christlichen Personen und Interessen vor Gericht, der Ave-Maria-Hochschule für Recht in Ann Arbor, die 2009 als Juristische Fakultät zur Ave-Maria-Universität umziehen soll, schließlich von Missionskirchen in Honduras und Nicaragua steht heute das umfassende Projekt Ave Maria im Mittelpunkt von Monaghans Schaffen. Da gibt es Ave-Maria-Radio – in Südwestflorida zu empfangen auf Ultrakurzwelle 98,5 Megahertz von sechs Uhr früh bis abends um zehn –, dazu den Kleinverlag Ave-Maria-Press, Ave-Maria-Communications, die Ave-Maria-Immobilienentwicklungsgesellschaft, die Ave-Maria-Versicherung, die Online-Kontaktbörse für heiratswillige Katholiken, Ave-Maria-Singles, den Investmentfonds für ethisch und christlich verantwortliche Geldanlagen, Ave-Maria-Mutual-Funds, der 2001 mit einer Ersteinlage Monaghans von 25 Millionen Dollar gegründet wurde und heute Investitionen in einer Höhe von mehr als 600 Millionen Dollar verwaltet.

Es ist nicht alles rein gemeinnützig, was unter dem Markennamen Ave Maria angeboten wird. Es soll aber auch dann gottgefällig sein, wenn es profitabel ist. Das Gebot der Profitabilität gilt vor allem für die auf dem Reißbrett entworfene Stadt Ave Maria, Bundesstaat Florida, Postleitzahl 34142. Mehr als 30 000 Menschen sollen in 11 000 Häusern und Wohnungen auf dem mehr als 2000 Hektar großen Areal einmal leben, arbeiten, einkaufen, zur Schule gehen, möglicherweise studieren, Golf spielen, im geplanten größten Wasserpark Südwestfloridas planschen, auf den künstlichen Seen herumschippern. Ave Maria ist eines der größten Stadtentwicklungsprojekte dieser Tage in Amerika. Weil sich aber die Nation nach Jahren der Überhitzung auf dem Immobilienmarkt im Jahr 2008 gerade in der tiefsten Immobilien- und Hypothekenkrise seit Jahrzehnten befand, verlief der Anfang zunächst schleppend.

Auf dem Prospekt, den der überaus freundliche Verkaufsmanager John Danzey in seinem Büro im Modell-Wohnhaus des Typs »Cypress« aushändigt, steht: »Ave Maria. Jede Familie. Jeder Lebensstil. Jeder Traum«. Das ist eine wichtige Botschaft, denn das Projekt der katholischen Retortenstadt, so hatten liberale Bürgerrechtler geargwöhnt, werde den künftigen Bewohnern einen bestimmten Lebensstil diktieren und damit gegen das Verbot der Diskriminierung Andersdenkender verstoßen. Vielleicht etwas zu missionsbeseelt hatte Monaghan noch vor dem ersten Spatenstich im »Corkscrew Swamp« angekündigt, in Ave Maria werde es keine pornografischen Produkte, keine Sexfilme im Kabelfernsehen, keine Verhütungsmittel in den Apotheken geben. Ave Maria werde eine »einzigartige Stadt« sein, hatte Monaghan verkündet, so etwas wie die allerneueste Lieferung in der offenbar unsterblichen all-amerikanischen geistesgeschichtlichen Produktreihe »Neues Jerusalem«.

Diese Rhetorik mussten die Geschäftspartner Monaghans für den Bau der Stadt schon aus rechtlichen, aber auch aus wirtschaftlichen Gründen deutlich abkühlen. Ave Maria werde keinesfalls »exklusiv katholisch« sein, vielmehr werde die Stadt ein Ort für alle Menschen sein, die »nachbarschaftlich und nach traditionellen Werten« leben wollen, sagt Paul Marinelli, Chef von »Barron Collier«, dem größten Landeigentümer und Bauentwickler in Florida. Das Unternehmen hat Monaghan und seiner Ave-Maria-Universität 400 Hektar Bauland kostenlos zur Verfügung gestellt, im Gegenzug beteiligt sich Monaghan mit fünfzig Prozent an den Kosten für die Erschließung und Vermarktung des umliegenden Baulandes. »Barron Collier« aber behält letztlich die Kontrolle über die Vermarktung und den Verkauf der übrigen 1600 Hektar, auf denen die Stadt Ave Marie entstehen soll – in unmittelbarer Nachbarschaft der Universität mit ihren Studenten und Dozenten und mithin Konsumenten.

Für den Bau und den Verkauf der Häuser wurde das Unternehmen »Pulte Homes« gewonnen, der drittgrößte Wohnhausbauer im Land, der sich auf die Entwicklung und den Bau von Wohngebieten für die sogenannten »active adults«, das sind Jungsenioren ab 55 Jahren, spezialisiert hat. »Barron Collier« und »Pulte Homes« aber haben vor allem eine Mission: Sie wollen und müssen verkaufen. Der Dollar glaubt bekanntlich an jeden Gott (oder auch an keinen), ist blind für Hautfarbe und Herkunft der Käufer, spricht dafür aber alle Sprachen. »Bei uns wird es keine Sexshops geben und keine Stripbars«, lautet die ethisch-moralische Verpflichtungserklärung für die Stadt Ave Maria in den Worten Paul Marinellis von »Barron Collier«. Aber solche Etablissements gibt es auch sonst nicht in Wohngebieten und Einkaufszentren. Davon aber, dass die Apotheken und Supermärkte in Ave Maria keine Verhütungsmittel verkaufen dürfen, ist nicht mehr die Rede. Andernfalls wäre es wohl kaum möglich gewesen, in relativ kurzer Zeit achtzig Prozent der frisch fertiggestellten Ladenflächen, Geschäfts- und Büroräume zu verpachten. Und es ist auch nicht mehr davon die Rede, dass sich die künftigen Fernsehkabel-Kunden und Internetsurfer in Ave Marie von jemandem vorschreiben lassen sollen, welche Programme und Websites sie in den eigenen vier Wänden sehen und anklicken dürfen und welche nicht. Ave Maria soll eben für »jede Familie, jeden Lebensstil, jeden Traum« sein, wie es auf dem Titel des Hochglanzprospekts mit lauter Fotos von lachenden Menschen, grünen Wiesen und blauen Seen heißt. Ob Ave Maria, wenn bis 2016 die angestrebte Einwohnerzahl von 30 000 Menschen erreicht ist, tatsächlich die einzige rein katholische Stadt in den USA ist, muss sich zeigen. Grundsätzlich jedenfalls, so verlautet es nunmehr offiziell, heißt die Musterstadt mit dem Namen der Gottesmutter »Menschen jeden Glaubens willkommen«.

Die Häuser der künftigen Stadt Ave Marie kosten zwischen gut 200 000 und fast 500 000 Dollar. Die Angebotspalette der Immobilien reicht vom Ein-Raum-Appartement in fußläufiger Entfernung zum Universitätscampus und dem »La Piazza« genannten Zentralplatz mit der mächtigen Kirche darauf bis zur Sechs-Zimmer-Villa der Baureihen »Shenandoah« und »Tidewater« aus der »Signature Collection« mit direktem Zugang zum Golfplatz und zum künstlichen See. Nimmt man einen Durchschnittspreis von 300 000 Dollar pro Haus, kommt man beim Verkauf aller geplanten 11 000 Einheiten auf einen Umsatz von 3,3 Milliarden. Das ist eine hübsche, wahrscheinlich sogar gottgefällige Summe, denn am Gewinn der Entwicklungs- und Bauunternehmen ist auch Monaghan beteiligt. Mit diesem Gewinnanteil will Monaghan langfristig die Finanzierung seiner neuen Hochschule sichern. »Ave Maria soll eine der finanziell am besten ausgestatteten katholischen Universitäten Amerikas werden«, verspricht Monaghan.

Vorerst aber muss Monaghan noch viel Geld ausgeben – bisher wohl mehr als 220 Millionen Dollar. Insgesamt dürften sich die Kosten für ihn auf 400 Millionen Dollar belaufen. Er wird sie als Opfergabe an Gott und Christus betrachten. »Ich tue es nicht für mich, ich tue es für Gott«, sagt Monaghan. Einen großen Batzen, gut 24 Millionen Dollar, hat allein die »Oratory« (Andachtsraum) genannte Kirche auf der Plaza zwischen Universitätscampus und Geschäftsviertel gekostet. Mit 1100 Sitzplätzen ist die Kirche eine der größten in den USA, sie hat die Ausmaße einer Kathedrale, darf aber so natürlich nicht heißen, weil sie kein Bischofssitz ist. Die Pläne zum Bau des mächtigen, mehr als dreißig Meter hohen Gotteshauses mit dem vergoldeten Kreuz über dem Giebel hat Monaghan selbst entworfen. Ob Frank Lloyd Wright mit dem Werk seines Bewunderers und selbsternannten Schülers einverstanden wäre, steht dahin. Monaghans unwiderstehlicher »Can-do-Spirit« jedenfalls hat ihm schon manchen Ärger mit Autoritäten eingetragen. Im Verband der 200 katholischen Hochschulen und Universitäten der USA schaut man mit einem gewissen Misstrauen auf den weithin als Emporkömmling betrachteten Universitätsstifter: Der hätte sein Geld ja auch einer oder mehreren der schon bestehenden katholischen Hochschulen geben können, anstatt sich seine eigene Privatuniversität in den Sumpf von Florida zu bauen, sagen viele. Auch die Beziehungen zur Diözese Venice unter Bischof Frank Dewane gestalten sich nicht immer harmonisch. Die neue Stadt Ave Maria und die gleichnamige Universität gehören zum Territorium der Diözese mit 250 000 katholischen Gläubigen im

Südwesten Floridas, doch haben der Bischof und seine Beauftragten für die Hochschulbildung kein Aufsichtsrecht über die private Ave-Maria-Universität. Bischof Dewane jedenfalls ließ sich mehrfach bitten, um den neuesten katholischen Andachtsraum an der neuesten katholischen Universität in der neuesten katholischen Stadt der USA zu weihen. Am 31. März 2008 war es endlich so weit. Seither hat Ave Maria den Status einer katholischen Kirchengemeinde mit einer geweihten Kirche, über welche ein vom Bischof ernannter Priester die geistliche Aufsicht übernommen hat. Tom Monaghan dankte dem Bischof und pries den »monumentalen Schritt« für Ave Maria. Und den nächsten hat er schon geplant: Auf der Plaza vor der frisch geweihten Kirche will er das größte Kruzifix der Welt aufstellen lassen, mindestens zwanzig Meter hoch. Es ist, als solle im Korkenziehersumpf im Südwesten Floridas, wo vor ein paar Jahren noch Tomaten gezogen wurden, die Rückeroberung des Abendlands für das Christentum beginnen.

Zeit der Heilung?

*Nach den Missbrauchsskandalen setzt
die katholische Kirche auf hispanische Immigranten*

Taufsonntag in der »Cathedral of Our Lady of the Angels«
in Downtown Los Angeles. Soeben ist die spanischspra-
chige Messe, die um 12.30 Uhr auf die beiden englischen
Messen früh um acht und um zehn Uhr folgt, zu Ende ge-
gangen. Pastor Monsignor Kevin Kostelnik hat die Taufel-
tern und die umfangreichen Familien der 13 Täuflinge im
Baptisterium im äußersten westlichen Teil der Kathedrale
versammelt. Es ist angenehm kühl in dem Gotteshaus, während draußen, über der Plaza vor dem Eingang zur Kathedrale, über der West Temple Street mit der Zufahrt zum
kircheneigenen mehrstöckigen Parkhaus sowie über dem
unmittelbar benachbarten Hollywood Freeway die südkali-
fornische Hitze des besonders heißen Sommers 2008 brütet.

Nach dem Northridge-Erdbeben von 1994 hatte die Erzdiözese Los Angeles, mit jetzt fast fünf Millionen Gläubigen die größte römisch-katholische Diözese in den USA,
mehrere Jahre keine Mutterkirche. Die alte, 1876 geweihte
St.-Vibiana-Kathedrale musste wegen schwerer Schäden an
der Bausubstanz und akuter Einsturzgefahr geschlossen
werden. Zudem war der barocke Kirchenbau mit Platz für
1200 Gläubige zu klein geworden für die Erfordernisse der
rasch wachsenden Kirchengemeinde. Doch die Pläne der
Erzdiözese, das Gotteshaus abzureißen und an dessen Stelle

eine neue Kathedrale zu errichten, scheiterten am Einspruch der Denkmalschützer und auch vieler Bürger von Los Angeles. Im Rahmen eines Grundstücktauschs übergab die Stadt Los Angeles der Erzdiözese ein freies Stück Bauland, übernahm die baufällige Kathedrale und baute sie in das Kultur- und Veranstaltungszentrum Vibiana um. Für die Diözese Los Angeles erwies sich der neue Standort für die Kathedrale »Our Lady of the Angels« als Glücksfall. Heute ist der asymmetrische Sakralbau, vom spanischen Architekten Rafael Moneo entworfen, Teil des neuen Kulturkorridors im viele Jahre vernachlässigten Zentrum von Los Angeles. Zu der Kulturmeile gehören neben Moneos postmoderner Kathedrale mit dem weithin sichtbaren, in die sandfarbene Fassade eingearbeiteten Kreuz und dem separat stehenden Glockenturm die spektakuläre Walt Disney Concert Hall von Frank Gehry und das Museum of Contemporary Art des Japaners Arata Isozaki.

Für Kardinal Roger Mahony, der 1936 in Hollywood geboren wurde und 1985 als erster gebürtiger »Angeleno« zum Oberhirten der Diözese Los Angeles ernannt wurde, war die Weihung des neuen Kathedralenkomplexes, zu dem auch seine Residenz gehört, die Erfüllung eines Lebenstraums. Ganz ohne Misstöne verliefen die Feierlichkeiten am 2. September 2002 freilich nicht. Auf der Plaza vor dem Eingangsportal, über welchem eine Bronzeplastik der namensgebenden Muttergottes von Robert Graham schwebt, deren Antlitz laut politisch korrekter amtlicher Kirchenbroschüre »Charakterzüge aller Rassen trägt«, gab es eine Doppeldemonstration. Die einen protestierten gegen die hohen Baukosten von fast 200 Millionen Dollar für die als »Tadsch Mahony« verspottete Kathedrale sowie für die weiteren Gebäude des Komplexes wie das Konferenzzentrum, den unvermeidlichen Geschenkladen, das Restaurant. Man hätte das Geld stattdessen für karitative oder missionarische Zwecke ausgeben sollen, forderten sie. Die anderen erinnerten daran, dass in der katholischen Kirche weiter der Skandal des jahrzehntelangen sexuellen Missbrauchs von Kindern und Jugendlichen durch Priester schwärte, den die Kirche und darin Kardinal Mahony durch Verschweigen statt Aufklären nur noch verlängert und vertieft hätten.

Die festliche Stimmung in der Kathedrale wurde von der Unruhe vor deren bronzenen Toren jedoch kaum gestört. Bei dieser wie bei anderer Gelegenheit unterstrich Mahony, dass es in die Zukunft zu schauen gelte, statt sich von der Vergangenheit paralysieren zu lassen. Und welches Symbol könnte schöner sein als der Blick in die Zukunft durch eine Kindstaufe? Oder besser noch durch ein Dutzend Kindstaufen. Monsignor Kostelnik, der seit vielen Jahren als Mahonys Sekretär zu den engsten Mitarbeitern des Kardinals gehört und in seiner Freizeit auch einmal einem Hollywood-Studio fachmännischen Rat bei der Produktion von Filmen christlichen Inhalts gewährt, schreitet mit den Vorbereitungen der Taufe unverdrossen fort. Es ist nicht immer leicht für ihn, sich inmitten des Palavers der aufgeregten Taufgesellschaften Gehör zu verschaffen. Aber dank des kleinen drahtlosen Mikrofons, das er nach Art eines Fernsehmoderators mit einem kleinen Bügel über dem linken Ohr befestigt trägt, gelingt es ihm doch. Er heißt alle Anwesenden herzlich willkommen, ausdrücklich auch jene, die sich zu einem anderen als dem christlichen Glauben bekennen – »sei es zum Judentum, zum Islam, zum Hinduismus, zum Buddhismus oder irgendeiner anderen Religion«.

Monsignor Kostelnik schreitet vor dem Taufbecken – einem fast einen Meter tiefen Becken aus schwarzem Granit, dessen Taufwasser vom Kardinal gesegnet wurde – hin und her und erklärt die einzelnen Schritte der Taufe und deren Bedeutung. Drei Mal, so kündigt er an, würden die Kinder komplett untergetaucht – es sei denn, die Eltern wünschten die Taufe nur durch Beträufeln der Stirn, was aber fast nie vorkomme: nämlich im dreifaltigen Namen des Vaters, des Sohnes und des Heiligen Geistes. Zudem symbolisiere das dreimalige Untertauchen auch jene drei Tage, die der gekreuzigte Christus im Reich der Toten verbracht habe, ehe er auferstanden sei. »Ja, Ihre Kinder werden weinen, wenn ich sie unter Wasser tauche«, warnt Monsignor Kostelnik, als wolle er sich gegen die mögliche Klage eines Anwalts der Angehörigen eines wassergeschädigten Täuflings schützen. Aber dieses Schreien sei nur wie das Beweinen der alten Welt, aus der die getauften Kinder nun, reingewaschen vom Taufwasser, heraus- und in ihr neues Leben mit Christus hineinträten.

Die 13 Kinder, die an diesem Sonntag in der Kathedrale »Unserer Frau von den Engeln« auf ihre Taufe warten, werden sich später kaum mehr daran erinnern, dass ihre Aufnahme in die katholische Kirche in das Jahr eines historischen Papstbesuchs fiel. Doch spricht vieles dafür, dass der Hirtenbesuch Benedikts XVI. vom April 2008, der zugleich dessen Staatsbesuch beim amerikanischen Präsidenten war, für die katholische Kirche Amerikas einen Neubeginn markierte, bei dem ebenfalls viel geweint wurde. Von Beginn an stand der Paptsbesuch in Washington und New York unter einem guten Stern, jedenfalls fand er unter schönstem Frühlingshimmel satt. Kein Wölkchen war zu sehen, als Papst Benedikt XVI. am Vormittag des 16. April auf dem »South Lawn« des Weißen Hauses eintraf. Das frischeste Grün war aus den Zweigen der Büsche und Bäume gebrochen, der

Rasen stand in vollem Saft, und mit ein bisschen Glück und gerecktem Hals konnte man drüben am »Tidal Basin« noch die letzten japanischen Kirschbäume in ihrer rosa Blütenpracht sehen. Schöneres Begrüßungswetter hat die amerikanische Hauptstadt für einen Staatsgast nicht zu bieten.

Zum ersten Mal in seiner Amtszeit hatte Präsident George W. Bush, begleitet von First Lady Laura und Tochter Jenna, einen Staatsgast schon kurz nach der Landung auf dem Luftwaffenstützpunkt Andrews im Osten der Hauptstadt begrüßt. Überhaupt war der Empfang von Papst Benedikt XVI. der größte und prachtvollste, den das Weiße Haus seit dem Amtsantritt von Bush im Januar 2001 erlebt hat: 12000 geladene Gäste bevölkerten den Rasen das Südgartens, schwenkten amerikanische Fähnchen sowie jene in den weiß-gelben Farben des Vatikans. Vizepräsident Dick Cheney und seine Frau waren gekommen. Die Sprecherin des Repräsentantenhauses, Nancy Pelosi, beließ es als gute Katholikin bei der Begrüßung nicht beim Händedruck, sondern küsste den päpstlichen Ring. Auch Außenministerin Condoleezza Rice, die wie Bush und Cheney zu einer protestantischen Kirche gehört, war zur Begrüßung gekommen. Kinder im Sonntagsstaat hielten Willkommens-Schildchen mit deutschen Aufschriften empor – und dann kam es zum gewiss nicht ganz spontanen Geburtstagsständchen der Menge zum 81. Geburtstag des Pontifex. Gewiss war auch der Papst nicht überrascht, dass man ihm in Amerika zum Geburtstag »Happy Birthday« singen würde. Aber er war sichtlich gerührt.

Zuletzt hatte Präsident Jimmy Carter im Jahre 1979 Johannes Paul II. im Weißen Haus empfangen, und der polnische Papst wurde damals in Amerika wie ein Rockstar gefeiert. Benedikt XVI. war überhaupt erst der zweite Papst, der dem Weißen Haus einen Besuch abstattete. Auch er vermochte in seiner zurückhaltenden, fast schüchternen Art die Herzen der Amerikaner zu erobern. Schon am zweiten Tag seines Besuchs hatten die amerikanischen Medien für Benedikt XVI. den Beinamen »Pope of Hope« erfunden. Dazu trug wesentlich bei, dass der Papst in einem diplomatischen Husarenstreich schon an Bord des Flugzeugs, das ihn über den Atlantik brachte, den mitreisenden Journalisten gegenüber den Missbrauchsskandal in der katholischen Kirche Amerikas und in aller Welt angesprochen und seine »tiefe Scham« darüber zum Ausdruck gebracht hatte. So war das unausweichliche, das wichtigste und düsterste Thema seines Pastoralbesuches bereits angesprochen, ehe Benedikt XVI. amerikanischen Boden betrat.

In ihren Reden beschwörten Bush und Benedikt XVI. in verblüffend ähnlicher Diktion das Gottesgeschenk der Freiheit, das es immer wieder zu verteidigen, zurückzuerobern und verantwortlich zu genießen gelte. »Ich komme als Freund und Prediger des Evangeliums mit großem Respekt für diese breite pluralistische Gesellschaft«, sagte der Papst. Angehörige unterschiedlichster Glaubensgemeinschaften genössen in den USA seit je Glaubens- und Gewissensfreiheit, doch sei Amerikas Streben nach Freiheit stets von der Überzeugung geleitet, dass »die Prinzipien, die das soziale und politische Leben regeln, eng mit einer moralischen Ordnung verbunden sind, die auf der Herrschaft des Schöpfergottes basiert«. Nur auf dieser Grundlage hätten die Gründerväter die ewige Wahrheit verkünden können, dass alle Menschen gleich seien und über unveräußerliche Rechte verfügten. Mehrfach verwies der Papst auf die tiefe und gelebte Religiosität in den Vereinigten Staaten. Für die Amerikaner sei »der religiöse Glaube dauernde Inspiration und treibende Kraft gewesen«, etwa beim Kampf gegen die Sklaverei und in der Bürgerrechtsbewegung. »Während die Nation zunehmend schwierigeren politischen und ethischen Fragen gegenübersteht, bin ich zuversichtlich, dass das amerikanische Volk in seinem Glauben eine wertvolle Quelle der Inspiration findet«, sagte Benedikt XVI. und schloss mit den Worten »Gott segne Amerika!«

Dass der Papst und der Präsident in verblüffend ähnlicher Wortwahl die Freiheit als Geschenk des Schöpfers an alle Menschenkinder beschrieben, dass sie sich gemeinsam zum Platz des Glaubens in der Öffentlichkeit bekannten und Gott sowie den Bezug auf ihn nicht in die strenge Quarantäne der Gotteshäuser verbannt sehen wollen, dass sie schließlich die Möglichkeit der Harmonie von Glaube und Vernunft bekräftigten – das macht Bush wie Benedikt XVI. im zunehmend gottfernen Europa gleichermaßen zu Außenseitern. Das protestantische Amerika aber, von dem sich mehr als die Hälfte der Einwohner zu einer der zahlreichen evangelischen oder Freikirchen bekennt, empfing den Papst mit offenem Herzen.

Fast bei jedem öffentlichen Auftritt, bei jeder Messe beklagte der Papst den Schmerz und den Schaden, den pädophile Priester ihren Tausenden Opfern und auch der Kirche zugefügt haben. Er bezeugte mehrfach seine Scham, bat um Verzeihung, traf sich im kleinen Kreis mit Opfern der Sexualverbrechen, beschwörte eine »Zeit der Heilung«, der es jetzt bedürfe. Olan Horne, der an dem Treffen mit Benedikt XVI. teilnahm, brach nach eigenen Angaben kurz nach dem Gespräch zusammen. Faith Johnston fand schon bei bei der Zusammenkunft selbst vor lauter Tränen keine Worte. Bernie McDaid rang noch Stunden später sichtlich um Fassung. Drei der fünf Bostoner Missbrauchsopfer, die zu dem vorab nicht angekündigten privaten Treffen mit dem Papst in der Nuntiatur in Washington gekommen waren, berichteten später in amerikanischen Medien von ihrer Erfahrung. Dabei fiel ein ums andere Mal das Wort Hoffnung, von der Möglichkeit eines beginnenden Heilungsprozesses war die Rede, vom tiefen Eindruck, den das halbstündige historische Gespräch mit dem Pontifex hinterlassen habe.

Bernie McDaid und Olan Horne, 52 und 48 Jahre alt, wurden Mitte und Ende der sechziger Jahre als Ministranten vom gleichen Priester missbraucht, vom berüchtigten Reverend Joseph E. Birmingham, der 1989 im Alter von 55 Jahren starb. Birmingham wurde, wie es damals in der Erzdiözese Boston üblich war, von einer Gemeinde zur nächsten versetzt, wenn wieder Verdächtigungen ruchbar geworden waren. An mindestens vierzig Jungen hat sich der notorische Pädophile Birmingham vergriffen, und wer gestandene Männer wie McDaid und Horne nach dem Treffen mit dem Papst vor Kamera und Mikrofon um Fassung ringen sah, vermochte deren Seelenqualen immerhin zu erahnen. Beide gehören heute nicht mehr der katholischen Kirche an, sind aber nicht auf Vergeltung aus, sondern wollen helfen, dass »ein wachsendes Krebsgeschwür in den Gemeinden« endlich entschlossen behandelt werde, wie es McDaid – Nachfahre streng katholischer irischer Einwanderer – dem Papst gegenüber ausdrückte. Faith Johnston, inzwischen 23 Jahre alt, wurde im Alter von 15 Jahren von ihrem damaligen Priester Kelvin Iguabita im Pfarrhaus ihrer Kirchengemeinde der Bostoner Diözese vergewaltigt. Sie kämpft bis heute mit Depressionen, hat Selbstmordversuche unternommen, brachte beim Treffen mit Benedikt XVI. außer Tränen nichts hervor. Ihr Peiniger Iguabita wurde 2003 zu 14 Jahren Gefängnis verurteilt, das vom Richter verhängte Strafmaß lag über der Forderung des Staatsanwalts. Nach allem, was man weiß, war es das erste Treffen eines Papstes mit Opfern sexuellen Missbrauchs durch katholische Würdenträger. Dass dieses Treffen, stellvertretend für die Missbrauchsopfer in aller Welt, auf amerikanischem Boden zustande kam, ist von großer symbolischer Bedeutung für die Katholiken in den USA.

Die amerikanische Bischofskonferenz ist in einer eigenen Untersuchung zu dem Ergebnis gekommen, dass es glaubwürdige Berichte über mehr als 5000 Priester gibt, die sich seit 1950 am Leib und zumal an der Seele von etwa 12000 Kindern vergriffen haben. Bisher musste die Kirche rund zwei Milliarden Dollar für Schadenersatzzahlungen und Anwaltskosten aufbringen, allein die von Kardinal Mahony geführte Erzdiözese in Los Angeles zahlte in den Jahren 2006 und 2007 insgesamt etwa 720 Millionen Dollar an Hunderte von Missbrauchsopfern. Die Erzdiözese Boston einigte sich schon 2003 mit den Anwälten von mehr als 550 Missbrauchsopfern auf die Zahlung von 85 Millionen Dollar. Obwohl die größten Sammelklagen-Prozesse inzwischen mit Vergleichen beendet sind, werden weitere Gerichtsverfahren auf die Kirche zukommen. Sechs Diözesen haben wegen der Zahlungen ein Konkursverfahren eingeleitet, Hunderte Priester wurden entfernt, in Kirchen und Schulen wurde eine Art Frühwarnsystem eingerichtet, um weitere Missbrauchsfälle zu verhindern.

Vor der Papstreise hatten Interessenverbände und Selbsthilfegruppen von Missbrauchsopfern wie das »Survivors Network of those Abused by Priests« (SNAP) kritisiert, dass Benedikt XVI. nicht nach Boston reisen werde, gleichsam ins Epizentrum des Skandals. Dass der Papst stattdessen Missbrauchsopfer aus Boston in Washington empfing, nahm der Kritik die Spitze. Der Erzbischof von Boston, Kardinal Sean O'Malley, war an der Vorbereitung des Treffens sowie an der Auswahl der Opfervertreter maßgeblich beteiligt. O'Malley hatte dem Papst vor dem historischen Treffen von Washington eine Liste mit den Namen von gut tausend Missbrauchsopfern allein aus seiner Erzdiözese überreicht. O'Malley trat im Dezember 2002 die Nachfolge des zurückgetretenen Kardinals Bernard Law an, der wegen des unter seiner Aufsicht fortdauernden Missbrauchsskandals zurückgetreten und an einen Posten im Vatikan berufen worden war. Solange aber kein Bischof wegen der Beihilfe zu einer Straftat gemaßregelt oder gar bestraft werde, könne von einem wirklichen Heilungsprozess nicht die Rede sein, kritisieren Organisationen wie SNAP.

Dennoch wurde der Papstbesuch weithin als der bisher bedeutendste Schritt für die amerikanische katholische Kirche bei der Überwindung der schwersten Krise in ihrer mehr als zweihundertjährigen Geschichte beschrieben. Damit ist die Bedrängnis der Kirche aber noch lange nicht überwunden. Angesichts des Missbrauchsskandals sagte Papst Benedikt XVI. zwar, es sei wichtiger, gute Priester und Ordensleute zu haben als deren viele. Doch der chronische Mangel an Geistlichen lässt sich damit nicht wegreden. Tausende Gemeinden haben keine ortsansässigen Priester. Das Durchschnittsalter aktiver katholischer Priester liegt bei sechzig Jahren. Die Zahl der Nonnen und Ordensleute ging von ehedem 180 000 auf jetzt 63 000 zurück. Kirchen, auch Kindergärten und Schulen müssen geschlossen werden. In eine Finanzkrise haben sich der Missbrauchsskandal und der Nachwuchsschwund bisher nicht übersetzt. Seit Jahr und Tag spenden die amerikanischen Katholiken ihren Pfarreien und Diözesen konstant jährlich knapp neun Milliarden Dollar. Damit dürfte die katholische Kirche in den USA trotz der Schadenersatzzahlungen und Anwaltskosten für den Missbrauchsskandal noch immer die reichste katholische Nationalkirche sein.

Dennoch sieht sich der Katholizismus in Amerika aus der Sicht des Vatikans an zwei Fronten mancher Bedrohung seiner Glaubensgrundlagen ausgesetzt. Im Nordosten des Landes, wo die Nachfahren der irischen, polnischen, italienischen und deutschen Einwanderer siedeln, löst sich der linksliberale Flügel der Kirche immer weiter von den Glaubensgrundsätzen des Vatikans in der Familien- und Sexualethik. Oft ist dort zu hören, der Missbrauchsskandal sei gerade ein Ausfluss der restriktiven Sexualethik der Kirche gewesen – vom Priesterzölibat bis zur Ablehnung einer zeitgemäßen Familienplanung mit Verhütung und Abtreibung. Im Südwesten dagegen, wohin sich das Gravitationszentrum und das Wachstum der Kirche verschoben haben, nehmen es die eingewanderten Latinos in ihrem Volksglauben mit der Herkunft und Bedeutung der verehrten Heiligen und Sakralstätten sowie ihrer Glaubenspraktiken nicht so genau. Eine Studie des Washingtoner Meinungsforschungsinstituts Pew Research Center hat ergeben, dass die Hälfte der hispanischen Katholiken eine besondere Form des charismatischen Katholizismus praktiziert – zu welcher etwa ekstatisches Zungenreden, Wunderheilungen und Prophezeiungen gehören. Dafür bleiben sie in moral- und sozialethischen Fragen schrifttreu und hören auf das Wort Roms – was sich unter anderem in stabileren Familien mit höherer Kinderzahl niederschlägt. Dass der Anteil der Katholiken an der amerikanischen Gesamtbevölkerung seit Jahren konstant bleibt, dass die absolute Zahl der katholischen Gläubigen in den USA sogar zunimmt, ist einzig den größeren

Familien der Latinos in den USA sowie der fortdauernden Einwanderung von katholischen Immigranten aus Mittelamerika zu danken. Inzwischen sind mehr als ein Drittel aller Katholiken in den USA Latinos. Es ist eine offene Frage, ob sich die hispanischen Katholiken der einst europäisch geprägten katholischen Kirche der USA anpassen oder ob sich umgekehrt die katholische Kirche der USA ihrer wachsenden Zahl der Neuankömmlinge aus dem Süden anpasst.

Trotzdem ist, zumal seit dem Besuch Benedikts XVI., bei den amerikanischen Katholiken mindestens so häufig von Aufbruch und von Erneuerung wie von Krise und Vergangenheitsbewältigung die Rede. Als die 13 britischen Kolonien 1776 ihre Unabhängigkeit von der englischen Krone erklärten, waren weniger als ein Prozent ihrer Einwohner Katholiken. Heute sind die USA nach Brasilien und Mexiko das Land mit den meisten Katholiken – in absoluten Zahlen rund siebzig Millionen Menschen. Damit ist fast jeder vierte Amerikaner Katholik. Die katholische Kirche ist zudem die größte einzelne Glaubensgemeinschaft unter allen christlichen Konfessionen und Denominationen, auch wenn die verschiedenen protestantischen Kirchen zusammengenommen selbstredend mehr Mitglieder haben. Was sich als Krise der innerstädtischen Pfarrgemeinden und Konfessionsschulen darstellt, ist auch die Folge eines natürlichen demografischen Wandels. Die wohlhabenden Nachfahren der europäischen Einwanderer sind aus den Städten in die Vorstädte hinausgezogen. Die hispanischen Immigranten aber, die das Wachstum der katholischen Kirche seit Jahren antreiben und auch künftig beschleunigen werden, siedeln weniger kompakt und ziehen jedenfalls nicht in Massen in die verlassenen Innenstädte. Fast jeder zweite Einwanderer, der seit 2000 ins Land kam, ist (hispanischer) Katholik. Und wenn sich nach den Erwartungen der Demografen die Zahl der Latinos in Amerika bis 2050 von derzeit gut 42 Millionen auf dann 130 Millionen verdreifacht haben wird, werden auch der Einfluss und das Gewicht der katholischen Kirche weiter wachsen.

Nicht zufällig nimmt die katholische Kirche in den USA in der Einwanderungspolitik eine Haltung ein, die selbst manchen Demokraten zu weit links erscheint. Energisch kritisierte Kardinal Mahony die 2005 und 2006 im Kongress beratenen Gesetzesentwürfe zur Reform der Einwanderungspolitik, weil diese vor allem eine schärfere Überwachung der Grenze, den Bau eines Grenzzauns und ein härteres Vorgehen gegen illegale Einwanderer vorsahen. Wie die katholischen Bischöfe und Kardinäle in Amerika erhob auch Papst Benedikt XVI. während seines Besuches seine Stimme im fruchtlosen Streit um die amerikanische Immigrationspolitik: Familien dürften nicht auseinandergerissen werden, nur um jahrelang lax gehandhabte Einwanderungsgesetze aus wahltaktischem Kalkül plötzlich mittels der Massendeportationen von illegalen Immigranten durchzusetzen. Konservative Kritiker werfen der katholischen Kirche vor, ihre Haltung im politischen Streit um die Einwanderung sei von der Taktik bestimmt, dass mit mehr (katholischen) Einwanderern auch ihr politisches Gewicht und ihr sozialer Einfluss wachse: Es gehe den Bischöfen um Masse und Macht, nicht um Nächstenliebe und Hirtenpflicht.

Dreißig bis vierzig Prozent der amerikanischen Katholiken besuchen wöchentlich die Messe. In Europa sind es durchschnittlich gerade einmal zehn Prozent. Etwa 2,5 Millionen Schüler aller Konfessionen besuchen katholische Bildungseinrichtungen, zu denen neben zahllosen Kindergärten sowie 6200 Grund- und 1300 weiterführenden Schulen auch die 200 Universitäten und Colleges gehören. Der katholische Autor und Theologe George Weigel hat die katholische Kirche in den USA als »die vitalste katholische Kirche in der entwickelten Welt« beschrieben. Wahrscheinlich würde ihm Monsignor Kevin Kostelnik von der »Cathedral of Our Lady of the Angels« in Los Angeles recht geben. Nach allerlei Präliminarien kann die Taufe endlich beginnen. Monsignor Kostelnik singt das »Hallelujah« und fordert die Taufgemeinde auf, es nach jeder vollzogenen Taufe nachzusingen. Dann kommt der erste Täufling an die Reihe. Inzwischen ist es in der Kathedrale von Los Angeles Brauch, dass die Eltern des Täuflings mit dem Priester ins Taufbecken steigen – ohne Schuhe und Socken zwar, aber komplett im Sonntagsstaat. Das ist in der Liturgie zwar nicht vorgesehen, aber Monsignor Kostelnik hat auch nichts dagegen. Während das nasse Kleid der selig zuschauenden Mutter an ihren Beinen klebt und die Krawatte des Vaters ins Taufbecken hängt, taucht Monsignor Kostelnik ein zappelndes und nach Luft schnappendes Baby ins Wasser und tauft es auf den Namen Sophia Maria Hernandez: »Im Namen des Vaters – und des Sohnes – und des Heiligen Geistes«, ruft Monsignor Kostelnik und hebt die nun mit aller Lungenkraft schreiende kleine Sophia Maria in die Höhe. Da bricht tosender Beifall aus. Kaum jemand stimmt mit Monsignor Kostelnik und der Nonne, die ihm assistiert, ins »Hallelujah« ein. So geht es, im raschen Takt, weitere zwölf Male – von Adam Mohica und Antonio Espinoza über Andre Palas und Gabriel Navarro III. bis zu Uma Walker Dermott, Jaden Razel und Faith Manu. Etwa zwei Drittel der Tauffamilien sind Latinos, der Rest Philippinos, andere Asiaten sowie Schwarze. Nicht-hispanische weiße Familien waren an diesem Taufsonntag nicht dabei.

Immer lächeln

Warum Gott zu den Mormonen spricht

So viele Propheten, so viele Apostel. Und alle an einem Ort, hier und jetzt. Und alle in Anzug und Krawatte. Denn Prophet und Apostel und Priester kann in der »Church of Jesus Christ of Latter-day Saints« (Kirche Jesu Christi der Heiligen der Letzten Tage) – so nennen die Mormonen ihre Kirche seit 1838 sozusagen glaubensamtlich – grundsätzlich jeder werden, sofern nur das Geschlecht stimmt: Es muss das männliche sein, Frauen sind nicht zum Priesteramt zugelassen. Aber auf dem ausladenden Podium unter der Orgel mit den gut 7600 Pfeifen im gewaltigen Konferenzzentrum haben auch viele Frauen auf den roten Sesseln Platz genommen. Es sind nicht nur die Sopranistinnen und Altistinnen des berühmten Tabernakel-Chors, der 1847 gegründet wurde, heute mehr als 360 Mitglieder hat und seit 1929 jeden Sonntagmorgen um halb zehn das am längsten ununterbrochen ausgestrahlte Radioprogramm der Welt mit dem Titel »Music and the Spoken Word« bestreitet. Es sind auch die Vorsitzenden der humanitären Frauenhilfsvereinigung, die Vertreterinnen der Gemeinschaft der jungen Frauen sowie der für die »Primary«, eine Art Kindergottesdienst für Jungen und Mädchen, zuständigen Gemeinschaft.

Es beginnt die erste Sitzung der 177. Halbjahresversammlung der Kirche Jesu Christi der Heiligen der Letzten

Tage. Gezählt werden die Versammlungen jeweils im April und im Oktober nach dem Jahr der Gründung der Kirche durch den Propheten Joseph Smith im Frühjahr 1830. Weil Amerika das Land der Superlative und die Mormonenkirche eine seit ihren Ursprüngen uramerikanische Veranstaltung ist, kann es gerade bei den Mormonen nicht ohne Superlative abgehen. Die zweitägige Versammlung findet statt im Konferenzzentrum der Mormonen im Herzen von Salt Lake City, der Hauptstadt des Bundesstaates Utah, wo sich knapp 61 Prozent der Einwohner zum Mormonenglauben bekennen. Das Auditorium des im Jahr 2000 fertiggestellten Konferenzzentrums der Mormonenkirche ist mit 21 200 Sitzplätzen das größte der Welt. Zwei Jumbojets würden darin Platz finden.

An diesem Wochenende Anfang Oktober 2007 ist das Auditorium bei den Vor- und Nachmittagssitzungen bis auf den letzten Platz gefüllt. Auch im Tabernakel genannten alten Saal aus dem Jahr 1869 und in der Versammlungshalle auf dem benachbarten Tempelplatz, wohin die Verhandlungen aus dem Konferenzzentrum direkt übertragen werden, sind alle Plätze besetzt. Tadellos diszipliniert und bestens organisiert haben Tausende im schönsten Sonntagsstaat bei nasskaltem Wetter auf Einlass in das Konferenzzentrum, in den Tabernakelsaal und in die Versammlungshalle gewartet. Hier und da stehen Grüppchen von evangelikalen Christen singend und betend oder halten Plakate in die Höhe, auf welchen Joseph Smith, der Gründer der Mormonenkirche, als falscher Prophet und das Mormonentum insgesamt als Apostasie, als Abfall vom Christenglauben, gebrandmarkt werden.

Auf die Sekunde pünktlich beginnen die Sitzungen, denn die Verhandlungen und erbaulichen Ansprachen werden

über Satellit und Internet in aller Herren Länder übertragen, damit Mormonen in der ganzen Welt sie in Echtzeit
verfolgen können. Nach eigenen Angaben hat die Kirche,
die am 6. April 1830 von ihrem ersten Propheten, Joseph
Smith, im Bundesstaat New York gegründet wurde, heute
etwa 13 Millionen Mitglieder, davon knapp die Hälfte
außerhalb Nordamerikas. Das Mormonentum ist eine der
am schnellsten wachsenden Religionen weltweit. Unter den
Kirchen Amerikas belegen die Mormonen nach den Katholiken, den Baptisten und den Methodisten mittlerweile den
vierten Rang. Man hat das Mormonentum, das eine vergleichsweise junge Kirche ist, als die einzige Weltreligion
seit der Gründung des Islam durch den Propheten Mohammed um das Jahr 620 bezeichnet. Aus der Sicht der Mehrzahl der Christen und zumal der christlichen Amtskirchen
verdient das Mormonentum nicht die Bezeichnung christliche Kirche – die Proteste bei Versammlungen der Mormonen legen davon Zeugnis ab.

Tatsächlich widerspricht es dem Glaubensdogma der katholischen, der protestantischen und orthodoxen Christenkirchen, einen Propheten ausgerechnet mit dem Allerwelts-
namen Joseph Smith anzuerkennen – und dazu noch weitere Dutzende von Propheten und Aposteln, die es in der
Mormonenkirche seither gegeben hat und bis zum heutigen
Tag gibt. Nach mormonischem Glauben hat Gott nicht
kurz nach Christi Kreuzigung und Auferstehung ein für alle
Mal aufgehört zu reden, vielmehr ist er nach einer längeren
Zeit des Schweigens wieder ausgesprochen redselig geworden. Diese Zeit des göttlichen Schweigens ist aus der Sicht
der Mormonen die Epoche der Gottferne, der »Großen
Apostasie«, in welche das frühe Christentum bis zur An-
kunft des Propheten Joseph Smith fiel. Seit den Zeiten der

Weltengründung hatte der Schöpfer stets so etwas wie Sprecher, seien es Adam oder Moses, Salomon oder David gewesen, dazu die Propheten des Alten Testaments, natürlich Jesus von Nazareth sowie die von Christus eingesetzten zwölf Apostel. Nach mormonischer Glaubensdoktrin setzte nach dem Tod des letzten Apostels Christi – also um das Jahr 100 – die Zeit der Dunkelheit ein. Und diese dauerte mehr als 1700 Jahre, bis zu jenem Tag im Jahre 1820 eben, da Gott und Jesus in der Ortschaft Palmyra im Bundesstaat New York dem neuen Propheten Joseph Smith erschienen. Seither spricht Gott wieder zu seiner in der Neuen Welt wiederhergestellten Kirche, und die inzwischen 15 Nachfolger des Gründungspropheten Smith sind nach Sicht der Mormonen sozusagen seine einzig legitimierten und lizenzierten Lautsprecher. Nicht anders als der Papst in Rom die Doktrin der Unfehlbarkeit für sich beansprucht, wenn er vom Heiligen Stuhl spricht, so sind die amtierenden Propheten der Mormonenkirche davon überzeugt, bei der Verkündung und Wiedergabe einer Offenbarung unmittelbar Gottes Wort wiederzugeben und sich mithin nicht täuschen zu können.

Ein weiterer zentraler Streitpunkt zwischen den Christenkirchen und den Mormonen ist die Heilige Dreifaltigkeit. Die Mormonen glauben nicht an die Doktrin des Nicänischen Glaubensbekenntnisses, das im Jahre 325 die grundlegenden Glaubensgrundsätze für die christlichen Kirchen kanonisierte, wonach Vater, Sohn und Heiliger Geist ein und dasselbe Wesen sind. Vielmehr gehen die Mormonen davon aus, dass es sich um drei voneinander unterschiedene Gestalten handelt. Joseph Smith berichtet ausdrücklich, ihm seien bei der Offenbarung nahe Palmyra zwei Gestalten erschienen: Gott und sein Sohn Jesus Christus, wobei der Erste auf den Zweiten gezeigt und sodann gesprochen habe: »Dies ist mein geliebter Sohn. Ihn höre!«

Wer aber ist dieser neue Prophet, den die Mormonen, die sich selbst mit tiefster Überzeugung als Christen verstehen, zwar nicht über Jesus Christus stellen, diesem aber doch als dessen neuzeitlichen Botschafter unmittelbar an die Seite? Joseph Smith wurde am 23. Dezember 1805 in Sharon im Bundesstaat Vermont als viertes Kind einer armen Bauernfamilie geboren und hatte im Alter von 14 Jahren seine erste Vision. Er wurde von der Frage getrieben, welcher der konkurrierenden Kirchen und Religionsgemeinschaften im damals von Missionaren und Proselytenmachern nur so wimmelnden Neuengland er sich anschließen sollte. Da ging er in den Wald von Palmyra, wohin die Familie inzwischen umgezogen war, wo ihm prompt Gott Vater und Gott Sohn erschienen und ihn anwiesen, er möge sich keiner der bestehenden Kirchen anschließen, sondern selbst eine gründen.

In fünf weiteren Visionen erschien Smith ein Engel namens Moroni. Dieser offenbarte ihm das Geheimnis, dass der jüdische Stammesführer Lehi auf Geheiß Gottes kurz vor der Zerstörung Jerusalems durch den babylonischen König Nebukadnezar II. im Jahre 585 vor Christus mit seiner Sippe aus der Heiligen Stadt geflohen war. Am Ufer des Mittelmeers bauten sie ein Schiff, setzten die Segel – und gelangten, durch göttliche Fügung geleitet, über das Mittelmeer und den Atlantik an die Gestade jenes zweiten Gelobten Landes, das ihnen der Allmächtige verheißen hatte: Amerika, genauer gesagt Mittelamerika.

Dort zerstritten sich Lehis Söhne Laman und Nephi bald bitterlich, und die Stämme der Lamaniten und der Nephiten lieferten sich über Generationen hinweg schlimme Kämpfe. Schon während der Überfahrt über Mittelmeer und Atlantik hatte sich Laman fortwährend beklagt, während der jüngste Sohn Nephi unablässig gebetet und überhaupt ein gottgefälliges Leben geführt hatte. Keine der beiden Sippen konnte sich im hin und her wogenden Schlachtenglück entscheidend gegen die andere durchsetzen. So vergingen die Jahrhunderte, bis der Messias kam.

Als Jesus Christus in der Alten Welt auf dem Berg Golgatha vor den Toren Jerusalems gekreuzigt wurde, brachen zum gleichen Zeitpunkt über die Nachfahren Lehis in der Neuen Welt furchtbare Katastrophen herein: Die Erde bebte, Wasser und Feuer fielen vom Himmel, Städte und ganze Landstriche versanken in Fluten und Flammen, ehe endlich dunkelste Finsternis über der Erde herrschte. Doch siehe, am dritten Tag wandelte der auferstandene Christus nicht nur unter seinen Aposteln im Heiligen Land, dem heutigen Israel und Palästina. Vielmehr kam er auch zu den Menschen in Mittelamerika, wo er die verfeindeten Stämme der Lamaniten und der Nephiten, die von ihren Kämpfen und von den schweren Naturkatastrophen arg dezimiert waren, auf den rechten Lebensweg zurückführte. Dann fuhr er zum Himmel.

Es folgten, unter dem Eindruck des wiederauferstandenen Heilands, zwei Jahrhunderte Frieden und Eintracht in der Neuen Welt. Doch im Jahre 384 nach Christus flammten die Kämpfe wieder auf, und es kam zur großen Entscheidungsschlacht zwischen den gottgefälligen Nephiten und den abgefallenen Lamaniten. Die Schlacht endete mit der fast vollständigen Vernichtung der guten Nephiten durch die bösen Lamaniten. Doch diese zerfielen ihrerseits bald in verfeindete Gruppen. Diese kriegerischen und blutrünstigen Stämme sind nach Überzeugung der Mormonen keine anderen als die Indianer, auf die Christoph Kolumbus, der gleichsam auf den Spuren des Pioniers Lehi segelte, tausend Jahre später stoßen sollte.

Der vorletzte Überlebende der Nephiten war der Prophet und Kriegsherr Mormon, der sich Mitte des vierten Jahrhunderts nach Christus angesichts der drohenden vollständigen Auslöschung seines Volkes durch die Lamaniten die Geschichte der Nachfahren des Nephi vergegenwärtigte und in einem Buch niederschrieb: Es ist kein anderes als das Buch Mormon, das aber nicht wie in der Alten Welt zu jener Zeit üblich auf Papyrus oder Pergament niedergeschrieben, sondern in einer Art neuägyptischen Hieroglyphenschrift auf Goldplatten eingraviert wurde. Moroni, der Sohn des Mormon und der allerletzte Nachfahre der auserwählten Nephiten, erhielt von seinem Vater Mormon den Auftrag, das Buch zu verbergen, um es dem Zugriff der bösen Mächte zu entziehen. Die goldene Figur des Engels Moroni, eine Trompete zur Verkündung der bevorstehenden »Zweiten Ankunft« Christi in der Hand oder schon an den Mund gesetzt, ist seit der Gründung der Mormonenkirche auf einem der Türme eines jeden Mormonentempels zu sehen. Das Kreuz übrigens, Memento des Märtyrertodes Jesu Christi, ist bei den Mormonen nicht als Glaubenssymbol in Gebrauch, weil sie das Hauptaugenmerk auf die Auferstehung und nicht auf die Todesstunde legen.

1400 Jahre lang sollte das auf den unvergänglichen Goldplatten eingravierte Buch Mormon verborgen bleiben, ehe der als Engel wiederauferstandene Moroni dem Propheten Joseph Smith in einer Vision erschien und ihm den Weg zum Versteck des Buches wies. Das war im September 1823, dreieinhalb Jahre nach der ersten Gottes- und Christus-Vision Smiths, der inzwischen 17 Jahre alt war. Doch es sollte weitere vier Jahre, bis zum September 1827, dauern, ehe der

Engel Moroni, der wie üblich in einem strahlend hellen Lichtkegel erschien und etwa einen halben Meter über der Erde schwebte, Joseph Smith endlich für würdig befand, das Buch aus dem Versteck zu heben und an sich zu nehmen. Zugleich warnte der Engel Moroni Smith unter Strafe eines gewaltsamen Todes davor, die goldenen Platten jemandem zu zeigen, der sich als ihrer unwürdig erweisen könnte.

Das Versteck des goldenen Buches befand sich auf dem Berg Cumorah nahe Palmyra, und zwar in einer steinernen Kiste, die seit Jahr und Tag von einer weiteren Steinplatte bedeckt war. Joseph Smith gelang es mit einiger Schwierigkeit, die Deckplatte zu heben – und tatsächlich fand sich dort das Buch Mormon, eingraviert auf zusammengehefteten Goldplatten in einer geheimnisvollen Schrift. Smith nahm das wertvolle Buch an sich und machte sich mittels zweier Edelsteine – er nannte sie Urim und Thummim –, die wie eine Brille zusammengefügt waren und sich ebenfalls in dem steinernen Gehäuse fanden, an die Übersetzung des Werkes.

Dabei ging Smith sein frühester Getreuer Oliver Cowdery als Schreiber zur Hand, während er selbst, von Cowdery durch eine Stoffwand getrennt, den Text auf den Goldplatten las und dank der wundertätigen Sehersteine Urim und Thummim vor seinen Augen zugleich übersetzte. So entstand das Buch Mormon, übersetzt in ein Englisch, das ganz dem Klang der King-James-Übersetzung der Bibel folgte, der zur damaligen Zeit einzig gebräuchlichen englischen Bibelübersetzung. An allen Ecken und Enden, viel öfter noch als in der King-James-Bibel, heißt es im Buch Mormon »And it came to pass«, was in der seit 1978 gebräuchlichen deutschen Übersetzung des Buches Mormon mit der von Luther entlehnten Formel »Und es begab sich« wiedergegeben wird.

Smith und Cowdery saßen, so will es die mormonische Überlieferung, nächtelang beisammen und übersetzten in etwas mehr als drei Monaten das wundersame Buch, dessen erste Ausgabe in englischer Sprache im März 1830 in einer Auflage von 5000 Exemplaren erschien. Wem die hier nur in groben Abrissen dargestellte Ursprungsgeschichte aus dem Buch Mormon vom vorneuzeitlichen Atlantiküberquerer Lehi, von dessen zerstrittenen Söhnen Laman und Nephi und deren Leben in Mittelamerika, von Mormon und Moroni aus dem gottgefälligen Stamme der Nephiten schon kompliziert und fantasiereich genug erscheint, der möge sich erst einmal ins gesamte Labyrinth der Namen und epischen Geschichten des gut 530 Seiten starken Buches Mormon begeben: Es ist ein Hauen und ein Stechen über Jahrhunderte und Generationen, es geschehen Zeichen und Wunder in Hülle und Fülle, die Namensliste des Personals und der Ortschaften umfasst mehr als 350 Einträge – von Abinadi, Amulek und Antionah über Madmenah, Middoni und Mulek bis zu Zarahemla, Zenoch und Zoram.

Jedenfalls nahm der Engel Moroni nach Abschluss der Übersetzung durch Joseph Smith und Oliver Cowdery die goldenen Platten wieder an sich und in den Himmel hinauf, und bis zum heutigen Tag hat er sie keinem Erdenmenschen mehr gezeigt. Einige der Goldplatten waren so zusammengebunden, dass man sie nicht umblättern konnte, und es war Joseph Smith vom Engel Moroni verboten, die so versiegelten Seiten zu lesen. Über ihren Inhalt kann bis heute und jedenfalls bis zur »Zweiten Ankunft« des Heilands nur spekuliert werden – vorausgesetzt, man glaubt die ganze Engelsgeschichte.

Neben dem ersten Propheten und späteren Gründer der neuen Kirche Joseph Smith bekamen elf weitere Männer die

Goldplatten mit den Inschriften zu Gesicht, unter ihnen der Schreiber Cowdery sowie der Vater und zwei Brüder Smiths. In jeder Ausgabe des Buches Mormon steht das Gelöbnis der elf Männer, die »feierlich bezeugen«, dass Smith ihnen die goldenen Schriftplatten gezeigt und zur eingehenden Ansicht in die Hände gegeben habe. »Und wir lügen nicht, Gott ist dafür Zeuge,« lautet ihre Schwurformel. Obwohl sich einige der Männer später von Joseph Smith und seiner Kirche lossagten, soll keiner je seine Aussage und den Schwur zurückgenommen haben, das Buch mit eigenen Augen gesehen und in den eigenen Händen gehalten zu haben.

Kaum zwei Wochen nach der Erstveröffentlichung des Buches Mormon am 26. März 1830 gründete Joseph Smith mit fünf Getreuen am 6. April 1830 in Fayette im Bundesstaat New York »The Church of Jesus Christ« (Kirche Jesu Christi). Erst nach einer weiteren Offenbarung im Jahre 1838, wonach bereits die »Letzten Tage« vor der zweiten Wiederkunft des Heilands angebrochen seien, erhielt die neue Kirche ihren bis heute gebräuchlichen Namen »Church of Jesus Christ of the Latter-day Saints«, auch die Abkürzung »LDS Church« wird verwendet. 1851 erfolgte die Übersetzung des Buches Mormon aus dem Joseph-Smith-Englisch ins Dänische; bis heute ist das von den Mormonen als heilige Schrift verehrte Buch vollständig in 72 Sprachen neben dem Englischen übersetzt, in weiteren 32 Sprachen gibt es Auszüge. Mehr als 120 Millionen Exemplare wurden insgesamt gedruckt und vertrieben. Seit 1982 trägt das Buch Mormon den Untertitel »Another Testament of Jesus Christ«, in der deutschen Übersetzung heißt es offiziell »Ein weiterer Zeuge für Jesus Christus«. Ziel des Zusatzes war es, den Mythos zu zerstreuen, wonach das Buch Mormon für die Gläubigen der Kirche Jesu Christi der Heiligen der Letzten Tage die Bibel ersetze. Vielmehr tritt nach mormonischer Glaubensdoktrin das Buch Mormon als heilige Schrift neben das biblische Alte und Neue Testament. »Die Bibel«, so sagte der 15. Präsident und oberste Prophet der Kirche, Gordon B. Hinckley, bei einem denkwürdigen Auftritt in der Talkshow »Larry King Live« des Nachrichtensenders CNN am 8. September 1998, »ist nach meiner Sicht das Testament der Alten Welt. Das Buch Mormon ist das Buch der Neuen Welt, und sie geben Hand in Hand Zeugnis ab von unserem Herrn Jesus Christus.«

Daneben gibt es noch weitere als heilig betrachtete Schriften, die auf göttlichen Offenbarungen von Joseph Smith beruhen: Das Buch »Lehre und Bündnisse« (Doctrine and Covenants), eine Sammlung von Offenbarungen aus der Frühzeit der Kirche bis 1835, meist empfangen von Joseph Smith selbst, aber auch von einigen seiner frühen Mitstreiter. Der 89. der insgesamt 138 Abschnitte des Buchs »Lehre und Bündnisse« ist das sogenannte »Wort der Weisheit«, das auf einer Offenbarung an Smith vom 27. Februar 1833 beruht. Darin verbietet der Herr den Angehörigen seiner wiederhergestellten Kirche, alkoholische Getränke zu sich zu nehmen, Tabak zu rauchen sowie »heiße Getränke« zu trinken. Darunter sind, so haben spätere Propheten der Neuzeit klargestellt, schwarzer Tee und Kaffee zu verstehen, prinzipiell auch koffeinhaltige Erfrischungsgetränke wie Coca-Cola. Die allermeisten bekennenden Mormonen dürften auch grünen Tee meiden, weil der ebenfalls Koffein enthält, dafür sollen zumal junge Mormonen eifrig koffeinfreien Erfrischungsgetränken zusprechen. Daneben gibt es im »Wort der Weisheit« präzise Diätvorschriften: Obst und Gemüse sind immer gut, dazu soll reichlich von der »Körnerfrucht« (Getreide) Gebrauch gemacht werden, denn diese ist die »Stütze des Lebens«. Auch Fleisch »von Tieren und von den Vögeln der Luft« verordnet der Herr, nur soll dieses »sparsam gebraucht werden«. Und schließlich gehört die Sammlung »Die Köstliche Perle« (Pearl of Great Price) zum Kanon der heiligen Schriften der Mormonen. Dabei handelt es sich um eine Auswahl von weiteren frühen Texten Smiths, etwa um die Teilübersetzung der Bücher Mose und des Matthäus-Evangeliums, wie sie dem ersten Propheten und Gründer der Kirche in den Jahren 1830 und 1831 »offenbart wurden«, wie es im Vorspann heißt; weiters um die kurze Lebensgeschichte von Joseph Smith, von diesem selbst 1838 verfasst; und schließlich um die ebenfalls von Smith im Jahre 1842 niedergeschriebenen 13 Glaubensartikel der damals gerade einmal zwölf Jahre alten Kirche. All diese Schriften gelten als »heilige Offenbarungen«, mittels welcher Gott direkt mit den führenden Gliedern seiner »wiederhergestellten« Christenkirche in der Neuen Welt sprach.

An diesem Anspruch, dass sich Gott direkt den Propheten und Aposteln der Kirche offenbart, halten die Mormonen bis heute fest: Weil Gott durch die Propheten spricht, können die sich nicht täuschen – und nichts falsch machen. Tatsächlich scheint der welthistorisch vielleicht einmalige Erfolg der jungen Kirche ihren Propheten und Aposteln recht zu geben. In weniger als zwei Jahrhunderten ist aus einer obskuren amerikanischen Christensekte, irgendwo im ländlichen Hinterland des Bundesstaates New York von einem selbsternannten Propheten im Beisein von fünf Getreuen gegründet, eine weltumspannende Glaubensgemeinschaft von mittlerweile 13 Millionen Mitgliedern geworden, deren Wachstumsmotoren heute vor allem Lateinamerika, aber auch Afrika und Asien sind. Die Zahl der Mormonentempel in aller Welt hat sich auf 124 erhöht, allein während der Amtszeit des Präsidenten und obersten Propheten Gordon B. Hinckley, der die Kirche vom 12. März 1995 bis zu seinem Tod am 27. Januar 2008 führte, konnte die Zahl der Tempel mehr als verdoppelt werden.

Mehr als 53 000 Missionare, in 17 Missionarstrainingszentren in mormonischer Glaubensdoktrin und in Missionierungstechniken ebenso ausgebildet wie in fremden Sprachen sowie in der Kenntnis der Kulturen und Traditionen ihrer Einsatzgebiete, werben Tag für Tag in 141 Ländern rund um den Globus um neue Mitglieder für die Kirche. Im Jahr 2005 verzeichnete die Kirche weltweit mehr als 800 Konvertiten pro Tag. Auf das ganze Jahr gerechnet ergab das einen Mitgliederzuwachs allein durch die Missionstätigkeit um 300 000 Seelen – mit der Aussicht auf ein weiter beschleunigtes Wachstum, denn mehr Mitglieder bedeuten mehr Missionare, und mehr Missionare bedeuten mehr Konvertiten.

Die Kirche bietet an den drei Campussen ihrer nach Brigham Young, dem unmittelbaren Nachfolger des Gründerpropheten Joseph Smith, benannten Universität eine weltliche Ausbildung in allen herkömmlichen natur- und geisteswissenschaftlichen Fächern an, freilich nicht ohne auch die Ideale und die Glaubensprinzipien des Mormonentums zu vermitteln. Die erste Brigham Young University (BYU) in Provo südlich von Salt Lake City wurde 1875 gegründet und ist heute mit mehr als 27 000 Studenten die größte Privatuniversität der USA. Weitere Niederlassungen der Hochschule wurden 1888 in Rexburg im Bundesstaat Idaho – heute mit 12 000 Studenten – und 1955 in Laie auf Hawaii mit derzeit 2400 Studenten gegründet. Schließlich bietet das Business College der Kirche in Salt Lake City für 1300 Studenten ein- und zweijährige Studiengänge in Volks- und Betriebswirtschaft an.

Alle Studenten der vier Universitäten müssen sich einem strengen Ehrenkodex unterwerfen, der den Genuss von Alkohol und Tabak ebenso ausschließt wie jede Form des vor- oder außerehelichen Geschlechtsverkehrs. Zu den »höchsten Standards der Ehre, Integrität und Moralität« gehört außerdem, sich stets einer »sauberen Sprache« zu bedienen und regelmäßig den Gottesdienst zu besuchen.

Bevor aber für junge Mormonen an ein Studium an der BYU oder irgendeiner anderen Universität zu denken ist, muss der Missionsdienst absolviert werden. Jedes männliche Mitglied der Kirche ist angehalten und verpflichtet, nach dem Abschluss der Highschool und vor dem Beginn des Studiums zwei Jahre lang als Missionar tätig zu sein. Während dieser Zeit soll der Kontakt mit dem Elternhaus und der Familie auf ein Minimum reduziert werden, auf nur zwei Telefonanrufe pro Jahr zum Beispiel und auf einen Brief pro Woche, um nicht von der Missionsarbeit abgelenkt zu werden. Selbst beim Tod eines Elternteils wird nur in seltenen Ausnahmefällen eine Heimreise zur Beerdigung und mithin eine Unterbrechung der Missionsarbeit gestattet.

Das Bild des mormonischen Missionars – frisch rasiert und akkurat frisiert, im schwarzen Anzug oder wenigstens in schwarzer Hose und im weißen Hemd samt Krawatte, immer freundlich und allzeit lächelnd – hat sich tief ins kollektive Gedächtnis der Menschen in zahlreichen Ländern eingeprägt. Ist nicht jeder irgendwo schon einmal einem mormonischen Missionar begegnet – so wie jeder schon einmal die Zeugen Jehovas mit einer Handvoll Exemplaren des *Wachturms* auf einem Bahnhof oder in einer Fußgängerzone hat stehen sehen? In den USA hat sich gar eine Punkrockgruppe den Namen »The Mormons« gegeben, auch sie treten in schwarzer Hose, weißem Hemd und Krawatte auf, dazu mit weißem Radfahrerhelm und schwarzem Rucksack, um »die Hingabe, die Opferbereitschaft und die Besessenheit« zu symbolisieren, mit welcher sie sich mormonengleich ihrer musikalischen Mission widmen. Vielleicht wird es bald auch eine Girl-Band »The Mormonas« geben, denn immer mehr junge Frauen der Kirche schließen sich der mormonischen Missionarsschar in aller Welt an: Inzwischen sind 17 Prozent der mormonischen Missionare weiblich.

Die Missionstätigkeit der Kirche ist ein spektakulärer Erfolg, und alles spricht dafür, dass es so bleiben wird. Optimistische Schätzungen – etwa des Soziologen Rodney Stark von der University of Washington – projizieren die Mitgliedschaft der Kirche bis zum Jahr 2080 auf sagenhafte 260 Millionen, was angesichts der bisherigen Wachstumsraten zumal in der zweiten Hälfte des 20. Jahrhunderts und dank der modernen Kommunikationstechnologie, mittels welcher der »mormonische Vatikan« in Salt Lake City die Kirchenglieder in aller Welt in Echtzeit erreichen kann, jedenfalls nicht ausgeschlossen scheint. Es dauerte mehr als ein Jahrhundert seit der Gründung, ehe die Mitgliederzahl der Kirche im Jahre 1947 die Ein-Millionen-Schwelle überschritt. Die zweite Million war 1964 erreicht, und bei der 178. Frühjahrsgeneralkonferenz im April 2008 sollte offiziell mitgeteilt werden, dass sich mehr als 13 Millionen Menschen zur Kirche Jesu Christi der Heiligen der Letzten Tage bekannten. Seit Jahren verzeichnet die Kirche in Lateinamerika ein überdurchschnittlich hohes Wachstum. Allein in Mexiko und in Brasilien gibt es jeweils gut eine Million Mormonen, in ganz Lateinamerika und in der Karibik sind es deutlich mehr als 4,5 Millionen, während in

Asien die Philippinen mit fast 600 000 Gläubigen an der Spitze stehen.

Auch finanziell steht die Kirche auf einem außerordentlich festen Fundament. Verlässliche Schätzungen über die Vermögenswerte der Kirche reichen bis zu 35 Milliarden Dollar, das Jahreseinkommen wird gemeinhin auf etwa sieben Milliarden Dollar veranschlagt. Wäre die Kirche ein Unternehmen, käme sie in der »Fortune 500«-Liste der größten Firmen auf einen guten Platz im Mittelfeld – vor internationalen Konzernen wie Nike oder Gap. Neben dem biblischen Zehnten, den jedes Kirchenmitglied von seinem Gehalt oder seinem Einkommen zu entrichten hat, bringen die zahlreichen Unternehmen der Kirche stattliche Einnahmen. Anders als die meisten anderen Religionsgemeinschaften, die ihr Geld meist in Aktienfonds und Anleihen anlegen, ist die Mormonenkirche selbst umfangreich unternehmerisch tätig, vor allem in den Bereichen Landwirtschaft, Medien, Versicherungen und Immobilien. Die Mormonenkirche besitzt die größte Rinderfarm der Welt, die »Deseret Cattle & Citrus Ranch« nahe Orlando in Florida: Sie umfasst mehr als 126 250 Hektar, allein der Grund und Boden ist fast eine Milliarde Dollar wert. Der größte Hersteller von Nüssen in den Vereinigten Staaten gehört ebenso zum Wirtschaftsimperium der Mormonenkirche wie der Betreiber von Radiostationen »Bonneville International« und das traditionsreiche Versicherungsunternehmen »Beneficial Life Insurance«, das allein einen Wert von mehr als drei Milliarden Dollar hat. Weiters hält die Kirche mehr als die Hälfte der Aktien am Unternehmen ZCMI, der größten Kaufhauskette des Bundesstaates Utah. Das Wochenmagazin *Time* kommt nach eigenen Recherchen und nach Angaben der Kirche zu dem Ergebnis, dass die Geschäftsinvestitionen der Kirche in eigene Unternehmen in den Wirtschaftsbereichen Farmland sowie Dienstleistungen und Finanzen etwa elf Milliarden Dollar betragen, und dass diese Investitionen jährlich mehr als 600 Millionen Dollar abwerfen. Auf diese Gewinne muss die Kirche Unternehmenssteuern abführen, die Einnahmen aus dem Zehnten und aus Spenden jedoch sind wie bei allen religiösen und karitativen Einrichtungen von der Steuerpflicht befreit.

Die Mormonenkirche ist als vergleichsweise kleine Kirche gewiss nicht die reichste in Amerika und schon gar nicht weltweit. Aber keine andere größere Kirche in den Vereinigten Staaten ist wirtschaftlich so aktiv und – proportional zur Zahl der Mitglieder – so erfolgreich wie die Kirche mit ihrem Welthauptquartier in Salt Lake City. Auch in der Verbindung von Glaubensfestigkeit und Geschäftstüchtigkeit entsprechen die Mormonen dem amerikanischen Ideal: Wären sie eine Aktiengesellschaft, könnten die Anteilseigner über so viel Unternehmensidentität und Einsatzbereitschaft, über das einwandfreie Finanzgebaren, die Bescheidenheit ihrer Manager und die großzügigen Spenden an gemeinnützige und wohltätige Organisationen nur glücklich sein. Und natürlich über so viel Profitabilität, nur dass die Mitglieder der Kirche, die sozusagen die Kleinaktionäre von deren Unternehmen sind, keine Dividende erwarten, sondern unentwegt mit ihrem Zehnten neue Investitionen einbringen, für die sie nichts als Gotteslohn und die Gewissheit erhalten, am Tag der »Zweiten Ankunft« Christi auf der richtigen Seite zu stehen. Ein erfolgreicheres Geschäftsmodell lässt sich kaum denken.

Man schätzt, dass jährlich mindestens 5,5 Milliarden Dollar an Einnahmen aus dem Zehnten – der größte Teil von den amerikanischen Gläubigen der Kirche – zur Kirchenverwaltung nach Salt Lake City fließen und von dort für den Aufbau und den Unterhalt von Versammlungshäusern und Tempeln in aller Welt sowie für die globale Missionstätigkeit ausgegeben oder auch zum Vergrößern des Kapitalstocks der Kirche angelegt werden. Zudem spenden die Mormonen für die verschiedenen humanitären Hilfsorganisationen der Kirche. So erklärt die Kirchenführung jeden Monat einen Sonntag, meist den ersten, zum Fastensonntag. An diesem Sonntag sollen die Gläubigen auf zwei aufeinanderfolgende Mahlzeiten, zum Beispiel auf das Frühstück und das Mittagessen, verzichten und mindestens den für die ausgelassenen Mahlzeiten eingesparten Betrag an das Wohlfahrtsprogramm der Kirche spenden. Hinzu kommt, dass die Kirche keinen professionellen Klerus mit theologischem Hochschulstudium und Salär kennt. Vielmehr können alle männlichen Kirchenmitglieder im Alter von zwölf Jahren in das sogenannte Aaronische Priestertum aufgenommen werden, zu welchem die Ämter des Diakons, des Lehrers, des Priesters und des Bischofs gehören. Erweist sich ein junger Mann bei den geistlichen Tätigkeiten dieses niedrigeren Priestertums wie der Ausgabe des Abendmahls, das bei den Mormonen aus Brot und Wasser (nicht Wein oder Traubensaft) besteht, beim Taufen und Segnen jüngerer oder neu bekehrter Kirchenmitglieder im Tempel oder auch beim Einsammeln des Fastenopfers als würdig, kann er in der Regel im Alter von 19 Jahren in das Melchisedekische Priestertum aufsteigen. Zu diesem höheren Priestertum gehören die Ämter des Ältesten, des Hohen Priesters, des Patriarchen, des Angehörigen des Siebzigerrates und des Apostels, von denen es wie zu Christi Zeiten zwölf gibt. Der Präsident des Hohen Priestertums ist zugleich der Präsident der Kirche. Nur die Mitglieder der inneren Kirchenführung, die vollberuflich mit der geistlichen und weltlichen Führung der Kirche befasst sind, erhalten eine vergleichsweise bescheidene Aufwandsentschädigung, die aus den besteuerten Gewinnen der kommerziellen Unternehmen der Kirche bestritten wird und nicht aus dem Einnahmentopf mit den steuerfreien Beiträgen der Kirchenmitglieder stammt.

Das »Church Office Building« an der North Temple Street in Salt Lake City ist der Sitz der Kirchenführung. Von hier aus werden die Geschicke der Kirche in aller Welt gelenkt, es wird penibel über die Mitgliederzahlen in den einzelnen Ländern, über die Gemeinden, Pfähle (so heißen die Gemeindebezirke) und Regionalgebiete Buch geführt. Das Hochhaus mit seinen 28 Stockwerken sieht aus wie jedes Verwaltungsgebäude einer großen Organisation oder eines international tätigen Unternehmens, neben dem Haupteingang gibt es ein Mauerrelief, auf dem die Weltkugel dargestellt ist. Auffällig ist, dass es draußen und drinnen überall blitzsauber ist – natürlich auch im Büro von Dieter Uchtdorf, der im Oktober 2004 als erster Deutscher in den Rat der Zwölf Apostel der Mormonenkirche berufen wurde. Auffällig ist außerdem, dass es in den öffentlich zugänglichen Gebäuden der Mormonenkirche in Salt Lake City – im Besucherzentrum und im Tabernakelsaal am Temple Square, in den Gebäuden der Hilfsorganisationen am Welfare Square – allenthalben Papiertaschentücher gibt. Das liegt nicht daran, dass Mormonen öfter erkältet oder allergischer wären als andere, vielmehr füllen sich ihre Augen gerne mit Tränen der Rührung, wenn sie ein ums andere Mal vom Lebens- und Leidensweg ihres Propheten Joseph Smith und vom Martyrium der mormonischen Pioniere auf dem Weg von der Ostküste in den Westen erfahren oder wenn sie sich die gottgefälligen Errungenschaften und Wohltaten ihrer über viele Jahrzehnte hinweg verfolgten und bedrängten Kirche vergegenwärtigen.

Auch Apostel Uchtdorf, der 1940 in Mährisch Ostrau geboren wurde und es während mehr als drei Jahrzehnten bei der Lufthansa bis zum Chefpiloten und Direktor für den Flugbetrieb brachte, verbirgt seine Rührung nicht, wenn er von den Segnungen einer gesunden, frommen und erfolgreichen Familie erzählt, zu welcher neben seiner Frau Harriet, mit der er seit 1962 verheiratet ist, die zwei Kinder und sechs Enkel gehören, die alle in Deutschland wohnen. Am 4. Februar 2008 gab es für Uchtdorf, dessen stets gewinnendes Lächeln aus seinem Gesicht gar nicht mehr fortzudenken ist, noch mehr Grund zur Freude: Nach dem Tod des langjährigen Kirchenpräsidenten Gordon B. Hinckley am 27. Januar 2008 wurde er von dessen Nachfolger Thomas S. Monson zu einem von zwei Ratgebern des neuen obersten Propheten ernannt und damit ins allerhöchste Leitungsgremium der Kirche berufen. Dass Uchtdorf, abermals der erste Deutsche auf diesem Posten, kein Nachfahre einer alteingesessenen Mormonenfamilie, sondern ein Konvertit ist – seine Eltern bekannten sich 1947 im sächsischen Zwickau, wohin es die Familie in den Wirren des Krieges verschlagen hatte, zum Mormonentum –, macht seinen Aufstieg umso symbolträchtiger. »Ich kann mir schon vorstellen, dass eines Tages einmal ein Nicht-Amerikaner zum Präsidenten der Kirche bestimmt wird,« sagt er. Weder um das Amt eines Apostels noch um einen Posten in der dreiköpfigen Ersten Präsidentschaft könne man sich bewerben: »Man wird berufen zu diesem Amt.«

Vielleicht muss man einen Blick von den oberen Stockwerken des »Church Office Building« auf die Stadt Salt Lake City und die mächtigen Gipfel der Wasatch-Berge werfen, um die erstaunliche Glaubensgewissheit und den unerschütterlichen Optimismus vieler Mormonen zu verstehen. Salt Lake City begann im Jahre 1847 als ein Traum, eine Utopie von 143 Männern, drei Frauen und zwei Kindern, die unter der Führung von Brigham Young, dem zweiten Präsidenten und Propheten der jungen Mormonenkirche, in das Tal am Großen Salzsee kamen. Hier gab es buchstäblich nichts – außer Steppengras, Dornensträuchern und Eidechsen. Und doch, so will es die Überlieferung, sprach »Brother Brigham«, der von manchem gar als »amerikanischer Moses« verehrt wird, am 24. Juli 1847, als der erste Treck nach langer und gefährlicher Flucht das Tal erreichte, die denkwürdigen Worte: »Dies ist der rechte Ort.« Bis heute wird in Utah der 24. Juli als »Pioneer Day« gefeiert, und dieser »mormonische Feiertag« ist weithin populärer als der nationale Unabhängigkeitstag am 4. Juli.

In Salt Lake City kam für die Pioniere der jungen Religion ein Leidensweg zu einem Ende, der die verfolgten und immer wieder von Auslöschung bedrohten Mormonen über viele tausend Kilometer durch fast den ganzen nordamerikanischen Halbkontinent geführt hatte. Vor Nachstellungen anderer christlicher Religionen und Übergriffen des Mobs floh die rasch wachsende Herde des Propheten Joseph Smith aus ihrem Ursprungsstaat New York und aus Pennsylvania zunächst nach Ohio. Dort begannen sie im Jahre 1831 in der Ortschaft Kirtland ihren ersten Tempel zu bauen, der 1836 in einer großen Zeremonie geweiht, aber kaum je genutzt wurde. Denn die Flucht ging weiter. Die nächsten Stationen waren die Stadt Independence in Missouri, wo der damalige Gouverneur Liburn Boggs jedoch bald den Befehl zur »Vernichtung oder Vertreibung« der Mormonen gab, und der Staat Illinois, wo auf malariaverseuchtem Sumpfland an einer Biegung des Flusses Mississippi von 1839 an die Stadt Nauvoo mit 15 000 bis 20 000 Mormonen entstand. Der selbstgewählte Name Nauvoo stammt vom hebräischen Wort »schön«, und schön muss es dank Fleiß und Sachverstand der mormonischen Bauern, Handwerker und Händler bald in Nauvoo gewesen sein. Die Stadt war schon wenige Jahre nach ihrer Gründung die reichste und mächtigste im Inneren der USA – größer etwa als Chicago. Joseph Smith war in Personalunion Bürgermeister, Kirchenpräsident und Oberbefehlshaber der Mormonenmiliz »Nauvoo Legion«. Im Jahre 1844 entschloss sich Smith sogar, für das Amt des Präsidenten in Washington zu kandidieren, weil er sich in seinem Kampf um einen Platz für sein Volk gegen feindlich gesinnte Gouverneure und die Führer der traditionellen Kirchen vom Weißen Haus im Stich gelassen fühlte. Doch der Traum vom Präsidentenamt kam für Smith zu einem ebenso jähen Ende wie die zweite Version des »Zions im Westen« für die Mormonen. Am 27. Juni 1844 wurden Joseph Smith und sein Bruder Hyrum im Gefängnis von Carthage in Illinois, wo sie wegen des Vorwurfs der Brandstiftung in Untersuchungshaft saßen, vom Mob erschossen. Der Religionsgründer wurde nur 38 Jahre alt.

Zum faktischen Nachfolger des ersten Propheten wurde im August 1844 Brigham Young ernannt, der die Mormonen im Winter 1846 von Nauvoo in Illinois auf einem weiteren, gut 3200 Kilometer langen Exodus nach Westen schließlich bis nach Salt Lake City leitete. Young führte die Kirche über mehr als drei Jahrzehnte, länger als jeder andere ihrer bis heute 16 Präsidenten und obersten Propheten. Bis zu seinem Tod im Jahre 1877 schuf Young im Tal des Großen Salzsees die geistlichen und materiellen Grundlagen, auf der die Kirche bis zum heutigen Tag steht und gedeiht. Schätzungsweise 100000 Mormonen kamen mit dem großen Treck ins Tal des Großen Salzsees. Weil die nächste größere Stadt mehr als 1600 Kilometer entfernt war, mussten die Siedler autark sein, und jede Missernte und Insektenplage brachte sie an den Rand des Untergangs. Doch diesmal gelang es, das ersehnte »Zion im Westen« zu schaffen: Mit harter Arbeit und ausgefeilter Bewässerungstechnik wurde die Wüste zum Blühen gebracht. 1853 wurde der Bau des mächtigen Tempels in Salt Lake City begonnen, auf den Tag genau vierzig Jahre später konnte das Gotteshaus endlich geweiht werden.

Die innere Struktur der Kirche wurde zugleich zum Organisationsprinzip allen religiösen und sozialen Lebens, die Führung in geistlichen und in politischen Dingen fiel fast vollständig in eins. Drei Jahre nach der Ankunft in Salt Lake City wurde Brigham Young zum Gouverneur des von erfolgreichen Kolonisten besiedelten, damals noch zu Mexiko gehörenden Territoriums ernannt. Die Mormonen träumten davon, eine Art Gottesstaat namens »Deseret« zu gründen, benannt nach der Bezeichnung für die Honigbiene im Buch Mormon. Dieser Staat sollte große Teile der heutigen Bundesstaaten Utah, Arizona, Nevada, Wyoming, Oregon, Idaho, New Mexico sowie Gebiete Südkaliforniens umfassen. Dazu reichte es freilich nicht, nach mancherlei Händeln zwischen den Mormonen und der Regierung in Washington kam der Staat Utah, benannt nach den dort siedelnden Ute-Indianern, im Jahre 1896 als 45. Bundesstaat zur Union. Immerhin sind bis heute neunzig Prozent der Abgeordneten und Senatoren im Kapitol zu Salt Lake City Mormonen, und der Bienenstock hat es in das Wappen des Staates gebracht.

Wie Kirchengründer Smith, der gegen den Widerstand seiner ersten Frau Emma bis zu drei Dutzend weitere Frauen ehelichte, war auch Brigham Young Polygamist. Vom modernen Verwaltungsgebäude der Kirche an der North Temple Street sind es nur ein paar Schritte zum »Beehive House« (Bienenstock-Haus), wo Young von 1854 bis zu seinem Tod im Jahre 1877 lebte – mit seiner ersten Frau. Seine mindestens 27 weiteren Frauen und die unüberschaubare Kinderschar waren im benachbarten »Lion House« untergebracht, das sich Young zu diesem Zweck in den Jahren 1855 und 1856 bauen ließ. Von Beginn an erregte die Vielweiberei der frühen Mormonen tiefes Misstrauen oder rief gar offene Feindschaft hervor. Schon 1831 hatte Smith nach eigenen Angaben die Offenbarung erhalten, dass die führenden Männer der wiederhergestellten Kirche Jesu Christi mehrere Frauen heiraten könnten. Aber erst 1852 wurde die Praxis öffentlich eingestanden, was zu weiteren Anfeindungen sowie zu rechtlichen Verwicklungen führte. Denn in den Bundesstaaten und Territorien, in welchen die Mormonen lebten, war die Vielweiberei verboten. Die 1854 gegründete Republikanische Partei, die sechs Jahre später unter Abraham Lincoln erstmals den Kampf ums Weiße Haus gewinnen sollte, schrieb sich nicht nur die Beendigung der Sklaverei auf die Fahnen, sondern forderte auch die Abschaffung der Polygamie – jener beiden »Zwillingsrelikte der Barbarei«, wie es hieß. 1857 schickte Präsident James Buchanan 2500 Soldaten unter Oberst Albert S. Johnston, um die Rebellion in Salt Lake City niederzuschlagen. Doch ein Blutbad konnte vermieden werden, weil fast alle Mormonen aus der Stadt geflohen waren und erst wieder zurückkehrten, nachdem die Truppen die Besetzung der leeren Stadt beendet hatten.

In der Zeit nach dem Amerikanischen Bürgerkrieg (1861 bis 1865), der immerhin das Ende der Sklaverei und damit des einen Relikts der Barbarei gebracht hatte, nahm sich die Regierung in Washington mit neuer Vehemenz dem Problem der Polygamie an. Mehr als tausend Mormonen wurden in den Jahren nach 1880 wegen des Delikts der Vielweiberei festgenommen und ins Gefängnis geworfen. Auf den dritten Präsidenten der Mormonenkirche, John Taylor, wurde ein Kopfgeld in Höhe von 800 Dollar ausgesetzt, doch Taylor tauchte unter und konnte nie gefasst werden. Er starb in seinem Versteck im Jahre 1887. Von Brigham Young, der das Volk der Mormonen buchstäblich in die Salzwüste geführt hatte, ist der Spruch überliefert: »Jedes Mal, wenn das Mormonentum getreten wird, wird es aufwärts getreten.«

Das sogenannte Manifesto von 1890, mit welchem der vierte Kirchenpräsident Wilford Woodruff – selbstredend nahm er eine göttliche Offenbarung für seine Verkündigung in Anspruch – die Polygamie untersagte, ist eines der bedeutendsten Dokumente in der Geschichte der Mormonen. Da ohnedies nur fünf bis zehn Prozent der mormonischen Männer in Vielehe lebten und sich den Unterhalt mehrerer Frauen samt der dazugehörigen Kinder überhaupt leisten konnten, fand der Erlass breite Zustimmung unter den damals etwa 250 000 Angehörigen der Kirche.

Seither gilt den Mormonen die Vielweiberei und überhaupt jede sexuelle Beziehung außerhalb der monogamen heterosexuellen Ehe als schwere Sünde. Polygamie wird mit sofortiger Exkommunikation aus der Kirche geahndet. Nur noch einige kleine Splittergruppen wie die »Fundamentalistische Kirche Jesu Christi der Heiligen der Letzten Tage«, die mit der offiziellen Mormonenkirche nicht das Geringste zu tun hat, praktizieren bis heute die Polygamie – und schaffen es von Zeit zu Zeit in die Abendnachrichten. So geschehen mit Warren Steed Jeffs, dem Propheten jener selbsternannten Fundamentalistenkirche mit etwa 10 000 Mitgliedern, der im November 2007 von einem Gericht in Utah wegen der Zwangsverheiratung eines 14 Jahre alten Mädchens mit ihrem 19 Jahre alten Cousin zu fünf Jahren Gefängnis verurteilt wurde.

In einer ironischen Wendung der Geschichte aber sind die echten Mormonen heute die entschiedensten Verteidiger der traditionellen monogamen Familie und der absoluten Treue in der Einehe, die man sich denken kann. Nach mormonischer Glaubensdoktrin sind Familien ewig – sie bestanden schon vor dem irdischen Leben und dauern über den Tod hinaus fort. Deshalb ermuntert die Kirche zur Familien- und Ahnenforschung und hat in Salt Lake City mit der »Family History Library« das weltweit umfangreichste genealogische Archiv, dessen Originalschriften zum Schutz vor möglichen Feuer- und Wasserschäden oder sonstigen Naturkatastrophen in erdbebensicheren Höhlen in den Bergen von Utah untergebracht sind. Zu den umstritteneren Riten in den Mormonentempeln gehört die stellvertretende Taufe von Toten: Vorfahren, die schon gestorben waren, ehe der Prophet namens Smith die Kirche Jesu Christi wiederherstellen konnte, sollen nachträglich, aber in jedem Fall noch vor der bald zu erwartenden »Zweiten Ankunft« des Heilands in dessen Kirche aufgenommen werden. Die Überzeugung, dass die »Letzten Tage« vor der Wiederkunft des auferstandenen Christus, die mit ähnlichen Naturkatastrophen einhergehen würden wie bei seiner ersten Wiederkehr nach der Auferstehung vor knapp zwei Jahrtausenden, schon angebrochen sind, bezeugen die Mormonen nicht nur im Namen ihrer Kirche. Vielmehr ist jede mormonische Familie aufgerufen, stets ausreichend nichtverderbliche Lebensmittelvorräte im Haus zu haben, um die ersten dunklen Tage vor dem dann folgenden Anbruch des Millenniums überdauern zu können: Denn das Jahrtausend der Erdenherrschaft des Erretters schließt sich »direkt an das Zweite Kommen Jesu Christi an«. Zum gleichen Zweck sind am Welfare Square in Salt Lake City in 15 riesigen Silos seit Jahr und Tag fast 9000 Tonnen Getreide aufbewahrt. Der Vorrat, mit dem eine kleinere Stadt ein halbes Jahr lang ernährt werden könnte, wird zwar von Zeit zu Zeit ausgetauscht, aber niemals angetastet: Es ist die eiserne Reserve, mit welcher die »Heiligen der Letzten Tage« die Finsternis vor der »Zweiten Ankunft« bis zum Anbruch des lichten Millenniums zu überdauern hoffen.

Ehen jedenfalls, die in einem mormonischen Tempel für die Ewigkeit gesiegelt werden, erweisen sich schon hienieden als außerordentlich stabil: Während in den USA im Landesdurchschnitt etwa jede zweite Ehe geschieden wird, lassen sich nur etwa sechs Prozent jener Eheleute scheiden, die in einem Mormonentempel den Bund fürs Leben und auch fürs Nachleben geschlossen haben. Mormonische Familien sind zudem weit kinderreicher als die amerikanische Durchschnittsfamilie mit den berühmten statistischen 2,3 Kindern. Sechs und mehr Kinder sind keine Seltenheit in mormonischen Familien. Der moralische Rigorismus der Kirche reicht zwar nicht bis zum Verbot der Verhütung, vielmehr wird die Familienplanung den Eheleuten überlassen. Aber in der Ablehnung der Abtreibung ist die Kirche kompromisslos. Nur bei Vergewaltigung und Inzest sowie bei Gefahr für das Leben der Mutter ist Abtreibung nach mormonischer Glaubensdoktrin zulässig.

Ein weiterer Markstein in der Geschichte der »LDS Church« war die 1978 unter dem zwölften Kirchenpräsidenten Spencer W. Kimball verkündete Offenbarung, dass kein Mann wegen seiner Hautfarbe oder Rasse am Zugang zur Priesterschaft gehindert werden könne. Ohne diese Öffnung der Kirche, deren Priester-, Bischofs-, Apostel- und Prophetenschar anderthalb Jahrhunderte lang ein exklusiver Klub weißer Männer gewesen war, wären die Missionsbemühungen in Westafrika, in der Karibik und in Brasilien rasch ins Stocken geraten oder gar zum Erliegen gekommen. Wie lange es dauern wird, bis die Kirche den Zugang zu den Priesterämtern auch für Frauen öffnet, können vielleicht nicht einmal die Propheten der Kirche selbst vorhersagen. Aus der Kirchenführung, der freilich nur Männer angehören, heißt es, die mormonischen Frauen seien mit ihren Rollen, etwa in der »Relief Society«, glücklich und zufrieden. Und über die Rolle von Mann und Frau, Vater und Mutter in Ehe und Familie heißt es in der Grundsatzerklärung vom 23. September 1995 mit dem bombastischen Titel »Die Familie – eine Proklamation an die Welt«, die seinerzeit Kirchenpräsident Gordon B. Hinckley verlas: »Gott hat es so vorgesehen, dass der Vater in Liebe und Rechtschaffenheit über die Familie präsidiert und dass er die Pflicht hat, dafür zu sorgen, dass die Familie alles hat, was sie zum Leben und für ihren Schutz braucht. Die Mutter ist in erster Linie für das Umsorgen und die Erziehung der Kinder zuständig.«

Der ethisch-soziale Konservatismus und moralische Rigorismus hat der Mormonenkirche beim Proselytenmachen bisher nicht geschadet, er scheint im Gegenteil das Missionieren gerade in Lateinamerika und in Teilen Asiens zu befördern. Zudem wird jeder Mormone, der geborene wie der

Konvertit, von frühen Tagen an in einen Strudel von Aktivitäten und auch von kultischen Tempelhandlungen hineingezogen, und wer sich rechtschaffen und gottgefällig verhält, kann zu immer höheren Ebenen der Heiligkeit und der Gottesnähe aufsteigen. Auch die eigentümliche Mischung aus einer Art gottesunmittelbarem Graswurzelchristentum als reiner Laienkirche ohne professionellen Klerus und einer starken Hierarchisierung der Kirchenführung gehört offenbar mit zur Anziehungskraft dieses sonderbaren Christenglaubens, der sich weder als Teil des Protestantismus noch als Katholizismus versteht, sondern eben als wiederhergestelltes Urchristentum.

Hinter dieser Haltung steckt ein erstaunliches Maß an religiöser Selbstgewissheit, man könnte auch von einer unglaublichen Anmaßung sprechen. Der puritanische Gründervater John Winthrop (1587 bis 1649), der kurz vor oder während der Überfahrt von England in die Neue Welt in einer berühmten Predigt die künftige Kolonie in der Massachusetts Bay als »City upon a Hill«, als leuchtende Beispielstadt auf dem Berge für Gottes Auserwähltheit bezeichnet und damit die Tradition des amerikanischen Exzeptionalismus begründet hatte, bezog sich gleichsam nur metaphorisch auf Jerusalem. Auch Winthrops zahlreiche amerikanische Jünger, die über Jahrhunderte hinweg bis zum heutigen Tage den zivilreligiösen Sermon von der »offensichtlichen Schicksalsauserwähltheit« (Manifest Destiny) der Vereinigten Staaten nachpredigen, meinen es nicht wörtlich, wenn sie vom zweiten Zion in der Neuen Welt sprechen.

Genau das aber tun die Mormonen in der Nachfolge ihres Propheten Joseph Smith: Sie meinen es wörtlich. Es genügte Smith nicht, das vom Heiland in der Alten Welt erschaffene christliche Zion in der Neuen Welt metaphorisch nachzubauen, er holte mit seinem Buch Mormon die gesamte jüdisch-christliche Überlieferung sozusagen Wort für Wort nach Amerika: Ein Stamm des Volkes Israel fuhr wirklich mit dem Segelschiff nach Amerika; der auferstandene Jesus Christus wandelte wahrhaftig irgendwo zwischen dem heutigen Mexiko und Panama unter seinen Auserwählten; der Engel des Herrn namens Moroni erschien dem neuzeitlichen Propheten namens Smith wirklich und wahrhaftig in der Ortschaft Palmyra, Landkreis Wayne, östlich von Rochester am Südufer des Ontario-Sees im ländlichen Teil des Bundesstaats New York gelegen, heutige Einwohnerzahl etwa 3500.

Unterzieht man das den Mormonen heilige Buch einer Art quellen- und textkritischen Analyse, so stellt es sich als ziemlich hanebüchenes Konglomerat aus jüdisch-hebräischen und ägyptischen Schnipseln, aus allerlei Versatzstücken des Alten und Neuen Testaments in der englischen King-James-Übersetzung der Bibel sowie aus viel Fantasie dar. Dass die Ureinwohner Mittel- und Nordamerikas, also die sogenannten Indios und Indianer, Nachfahren des in präkolumbianischen Zeiten nach Amerika gesegelten Hebräers Lehi und der Stämme seiner Söhne Nephi und Laman sein sollen, lässt sich durch keine DNA-Analyse bestätigen. Vielmehr spricht alle Forschung dafür, dass die ersten menschlichen Einwohner Amerikas über die zugefrorene Bering-Straße aus Asien eingewandert sind. Von den mächtigen Städten und gewaltigen Schlachten, die um das Jahr 421 nach Christus in der fast vollständigen Auslöschung der Nephiten durch die Lamaniten kulminiert haben sollen, gibt es kein historisches oder archäologisches Zeugnis, etwa Überreste des im Buch Mormon geschilderten eindrucksvollen Kriegsgeräts. Dazu berichtet das Buch Mormon von

Tieren wie Elefanten und Honigbienen, von Getreidesorten wie Weizen und Gerste, von Textilien wie Leinen und Seide, von Metallen wie Gold und Messing, die für die geschilderte Epoche lange vor der Geburt Christi in Mittelamerika wissenschaftlich nicht nachgewiesen werden können. Schließlich erinnern zahlreiche »heilige Handlungen« in den Mormonentempeln, das vollständige Entkleiden und das Überstreifen eines weißen Umhangs oder der weißen sogenannten Garmentunterwäsche, die zeitlebens getragen werden muss, die Waschungen mit Wasser und gesegnetem Öl, die festgelegten Dialoge zwischen Priester und Gläubigen, die Vergabe eines streng geheimen neuen Namens beim Endowment genannten Initiationsritus und manches andere stark an vergleichbare Kulte der Freimaurer in deren Tempel. Es dürfte kein Zufall sein, dass Joseph Smith selbst, sein Vater Joseph und sein Bruder Hyrum, dazu Brigham Young sowie weitere Führungsfiguren der Frühgeschichte der Kirche, selbst Mitglieder von Freimaurerlogen waren. Den Entschluss zur Einführung der Tempelriten in der Mormonenkirche hat Smith nach eigener Darstellung als Offenbarung von Gott erhalten. Zwar gilt in der Kirche seit langem die Sprachregelung, wonach die Tempel der Mormonen »heilig, nicht geheim« (sacred, not secret) seien und deshalb ja auch vor der Weihung von allen besichtigt werden könnten, ehe sie für Nichtmormonen verschlossen werden und zudem auch für Mitglieder der Kirche nur zugänglich bleiben, sofern diese über einen »Tempelschein« verfügen. Diesen für jeweils zwei Jahre gültigen Zugangsausweis müssen sich die Mitglieder durch Glaubensfestigkeit, tadellosen Lebenswandel und die vollständig nachgewiesene und regelmäßige Zahlung des Zehnten erarbeiten. Doch es bleibt ein geheimbündlerisches Element, das auch in der ge-

genseitigen Anrede der Mormonen als »Ältester« (Elder) und »Schwester« (Sister) seinen Ausdruck findet und zudem das Zusammengehörigkeitsgefühl der immer noch jungen Weltkirche festigt.

Was immer im Buch Mormon an historisch wahrem Substrat stecken mag, wo immer die Bräuche und Riten der »Heiligen der Letzten Tage« herkommen mögen – direkt aus dem Himmel oder aus sehr irdischen Quellen –, man muss eben daran glauben. Und der Erfolg gibt diesem Glauben recht. Zum 150. Jahrestag der Ankunft der Pioniere am Großen Salzsee sagte der damalige Kirchenpräsident Hinckley im Jahre 1997: »Von den Anfängen der Pioniere, als noch keine Pflugschar je in den Boden dieses Wüstentals gedrungen war, bis zu dem, was man heute sieht – dies ist eine Erfolgsgeschichte.« Und zu der gehören die Lebensläufe zahlreicher erfolgreicher Mormonen. J. Willard Marriott eröffnete 1927 in Washington seinen »Hot Shoppe«, wo es Gegrilltes zu essen und das Süßgetränk »Root Beer« zu trinken gab. Später stieg die Familie ins Hotelgeschäft ein. 1957 machte das erste Hotel in Arlington nahe Washington auf, heute gehören zur Marriott-Kette, die noch immer mehrheitlich im Besitz der von Bill Marriott, dem Sohn des Gründervaters geführten Familie ist, weltweit gut 3000 Häuser mit mehr als 150 000 Angestellten. Dass die Mormonen den Rigorismus ihres Glaubens sehr wohl vom Pragmatismus ihres Geschäfts zu trennen verstehen, zeigt der von manchen konservativen Christen kritisierte Umstand, dass in fast allen Marriott-Häusern im Hotelfernsehen Pornofilme – gegen Bezahlung, versteht sich – zu sehen sind. Obwohl doch nach der Doktrin der Kirche Pornografie »genauso schädlich für den Geist ist wie Tabak, Alkohol und Drogen für den Körper«.

Zur Schar der reichen und erfolgreichen Mormonen gehört weiters der 1937 geborene Jon Huntsman, der mit Kunststoffen und Chemieprodukten von bescheidenen Anfängen zum größten Chemieunternehmer der Welt aufstieg und einen Großteil seines Vermögens inzwischen der Huntsman-Stiftung für Krebsforschung vermacht hat. Sein Sohn, Jon Huntsman jr., Jahrgang 1960, ist seit 2005 (republikanischer) Gouverneur von Utah. Jonathan Browning konvertierte in Nauvoo in Illinois zur Mormonenkirche und rüstete die Pioniere für deren Treck nach Westen mit Pistolen aus; berühmter aber wurde Brownings Sohn John Moses Browning dank seiner Erfindungen des automatischen Gewehrs und der Maschinenpistole.

Zwar stimmen nach Wählerbefragungen achtzig Prozent der Mormonen traditionell republikanisch, doch wahrt die Kirche mit dem Argument, dass sich in den Plattformen aller Parteien Ideen finden ließen, die mit den Glaubensgrundsätzen der Kirche vereinbar seien, strikt parteipolitische Neutralität. Alle fünf Vertreter des Bundesstaates Utah im Kongress in Washington, die beiden republikanischen Senatoren Orrin Hatch und Bob Bennett ebenso wie die drei Abgeordneten im Repräsentantenhaus – unter ihnen ein Demokrat –, sind Mormonen. Auch der Mehrheitsführer der Demokraten im Senat, Harry Reid (Nevada), ist Mormone – einer von insgesamt vier Demokraten unter den 16 mormonischen Kongressmitgliedern. Wie Juden und Episkopalianer sind auch Mormonen im Verhältnis zu ihrem Anteil an der Gesamtbevölkerung im Kongress deutlich überrepräsentiert, und ihr Einfluss wächst.

In den Blick eines besonderen Interesses der amerikanischen und internationalen Öffentlichkeit gelangte die »LDS Church« im Wahljahr 2008. Der mormonische Politiker

Mitt Romney, von 2003 bis 2007 Gouverneur von Massachusetts, bewarb sich aussichtsreich um den Einzug ins Weiße Haus, galt einige Monate sogar als Favorit, ehe er sich im Februar 2008 nach einigen knapp verlorenen Vorwahlen Senator John McCain im Kampf um die Kandidatenkür der Republikaner geschlagen geben musste. Romney, Jahrgang 1947, entstammt einer einflussreichen mormonischen Familie. Marion Romney (1897 bis 1988), der Cousin seines Vaters George Romney (1907 bis 1995), gehörte von 1951 bis zu seinem Tod im Jahre 1988 als Apostel und Ratgeber zweier Präsidenten zum obersten Führungskreis der Kirche. Die Vettern Marion und George Romney wurden in benachbarten Mormonenkolonien im Staat Chihuahua in Mexiko geboren, wohin die polygam lebenden Großeltern Mitt Romneys vor der Verfolgung der Vielweiberei in den USA um 1880 geflohen waren. Mitt Romneys Vater George, der sich 1968 als zweiter Mormone nach dem Propheten Joseph Smith erfolglos um das Weiße Haus beworben hatte, war gut mit J. Willard Marriott befreundet und nannte seinen Sohn deshalb Willard Mitt Romney.

Nach Mitt Romneys Rückzug vom Kampf um die Präsidentschaft im Februar 2008 trat in verschiedenen Umfragen zutage, dass neben seiner mangelnden Authentizität das anhaltende Misstrauen vieler Amerikaner gegen die Mormonen seine Wahlkampagne nachhaltig beeinträchtigt hätte. Vergeblich hatte Romney mit einer Grundsatzrede im Dezember 2007 versucht, diese Bedenken auszuräumen: Er sei zwar stolz auf sein religiöses Erbe, sagte Romney in College Station in Texas in der Präsidentenbibliothek von George H. W. Bush, doch sei seine Kandidatur »nicht durch die Religion« geprägt – so wenig wie es jene des Katholiken John F. Kennedy im Jahre 1960 gewesen sei. Kein Kandidat solle wegen seines Glaubens gewählt oder abgelehnt werden, sagte Romney und fügte hinzu: »Ich versichere Ihnen: Keine Autorität meiner Kirche wird jemals Einfluss auf präsidiale Entscheidungen haben.« Im Duktus eines Predigers fuhr Romney fort: »Die Freiheit öffnet die Fenster der Seele, durch welche der Mensch seine tiefsten Überzeugungen und seine Einheit mit Gott entdeckt. Freiheit und Religion überdauern gemeinsam oder sie gehen jede für sich alleine unter.«

Das waren klassische Glaubensbekenntnisse der amerikanischen Zivilreligion, zu deren Grundsätzen die Trennung von Kirche (beziehungsweise Synagoge, Moschee oder Tempel) und Staat ebenso gehört wie die Überzeugung, dass ein gottloses Amerika im Innern wie nach außen schwach wäre. Zum Beispiel so schwach wie das säkulare Europa, das Romney unter dem Beifall des Publikums als Negativbeispiel erwähnte. Doch die Überzeugungsarbeit reichte nicht aus. In einer Umfrage des Fernsehsenders NBC und der Tageszeitung *Wall Street Journal* von Ende Januar 2008 sagten fünfzig Prozent der Befragten, sie hätten gewisse Bedenken oder gar große Vorbehalte gegen einen mormonischen Präsidenten. In der gleichen repräsentativen Umfrage äußerten sich 81 beziehungsweise 76 Prozent der Befragten enthusiastisch oder immerhin zustimmend zu der Aussicht, ein Schwarzer oder eine Frau könnten ins Weiße Haus einziehen. Romney werde es 2012 abermals mit einem Anlauf aufs Präsidentenamt versuchen, hieß es nach seinem Rückzug im Februar 2008. Bis dahin hätten er und jeder andere Mormone noch viel Überzeugungsarbeit zu leisten – ausgerechnet im Ursprungsland der vielleicht amerikanischsten aller amerikanischen Religionen.

Zeitlose Allianz?

Das Verhältnis Amerikas zum Judenstaat

Außenministerin Condoleezza Rice nahm die Einladung selbstverständlich an: Beim feierlichen Auftakt zum 102. Jahrestreffen des »American Jewish Committee« (AJC) hielt sie im Mai 2008 die Eröffnungsrede. Sie wurde von den Teilnehmern der Jahrestagung mit stehenden Ovationen begrüßt, während ihrer Rede von stehenden Ovationen unterbrochen und schließlich mit stehenden Ovationen verabschiedet. Ordnungsgemäß pries die Ministerin in ihrer Rede das AJC für dessen mehr als ein Jahrhundert währendes Engagement für Toleranz, Pluralismus und Menschenwürde, mithin für die »Stärkung des Fundaments amerikanischen Lebens«. Seit 1948 habe das AJC zudem »das Band gestärkt, das uns mit den Bürgern Israels verbindet«, und deshalb werde es für sie »eine persönliche Freude sein«, Präsident George W. Bush auf dessen Besuch in Tel Aviv und Jerusalem anlässlich des sechzigsten Jahrestages der Gründung Israels zu begleiten. Und wieder legten die Teilnehmer des festlichen Dinners das Besteck zur Seite und erhoben sich zum Applaus.

Amerikaner und Juden, die Vereinigten Staaten und Israel gehen wie Freunde miteinander um, obwohl es zwischen Staaten und Völkern nach dem Wort von Lord Palmerston keine permanenten Freundschaften oder permanenten

Feindschaften gibt, sondern nur permanente Interessen. Doch zwischen Israel und Amerika scheint echte Freundschaft zu bestehen, und es ist zudem eine Freundschaft der ersten Stunde, ja der ersten Minuten. Am 12. Mai 1948 versammelte Präsident Harry Truman im Oval Office seine wichtigsten Berater, um die Lage in Palästina zu erörtern. Trumans Regierung war gespalten, die Stimmung angespannt. Außenminister George Marshall warnte Truman gar, er werde bei den kommenden Präsidentenwahlen gegen ihn stimmen, sollte der Präsident die Gründung Israels unterstützen. Truman ließ sich von seinem Vorhaben jedoch nicht abbringen.

Am 14. Mai 1948 um Punkt vier Uhr nachmittags begann David Ben-Gurion mit der Verlesung der Unabhängigkeitserklärung des Staates Israel. 32 Minuten später hatten alle im Tel Aviv Museum anwesenden 25 Mitglieder des Nationalrats das Dokument unterzeichnet. Knapp siebeneinhalb Stunden später, um Mitternacht israelischer Zeit, erlosch das britische Mandat über Palästina. Der Staat Israel war geboren. In Washington war es sechs Uhr nachmittags, und ganze elf Minuten nach dem Inkrafttreten der Unabhängigkeitserklärung anerkannte Washington das neue Mitglied der Staatengemeinschaft – als erstes Land der Welt. »Diese Regierung wurde darüber in Kenntnis gesetzt«, heißt es in der von Truman unterzeichneten Erklärung, »dass in Palästina ein jüdischer Staat ausgerufen wurde, dessen Übergangsregierung um die Anerkennung ersucht hat. Die Vereinigten Staaten anerkennen die Übergangsregierung als die de facto Obrigkeit des Staates Israel.«

Dieser symbolträchtige Akt prägt bis heute das besondere Verhältnis Amerikas zu Israel, der Amerikaner zu den Juden – in Israel, in den Vereinigten Staaten und auf der ganzen Welt. Unter Präsidenten beider Parteien flossen von der demokratischen Schutzmacht Amerika Hunderte Milliarden Dollar an Militär- und Wirtschaftshilfe an den Schützling Israel. Dies geschah gewiss aus geostrategischem Interesse an einer für die Sicherheit und die Energieversorgung der USA kritischen Region, aber mindestens ebenso sehr aus Gründen einer tiefen weltanschaulichen Verbundenheit. Harry Truman, der von 1945 bis 1953 regierte, sah Israel als die »Verkörperung der großen Ideale unserer Zivilisation«. John F. Kennedy (1961 bis 1963) pries Israel als »Schild- und Schwertträger von Demokratie und Freiheit«. Bill Clinton (1993 bis 2001) bezeichnete die amerikanisch-israelischen Beziehungen als »einzigartig unter allen Nationen«.

In der arabischen Welt und auch in Teilen Europas wird diese Bruderschaft weithin als ungerechte und nicht zu rechtfertigende Voreingenommenheit Washingtons zugunsten Israels angeprangert: Die Vereinigten Staaten könnten deshalb nicht die Rolle des ehrlichen Maklers im Nahen Osten, schon gar nicht zwischen Israelis und Palästinensern spielen, heißt es. Zudem ließen sich amerikanische Regierungen seit je von der über alle Maßen einflussreichen jüdischen Lobby ihre Nahost-Politik faktisch diktieren; diese Politik folge deshalb eher den israelischen als den amerikanischen Interessen.

Im März 2006 haben die Politikwissenschaftler John Mearsheimer und Stephen Walt mit ihrem in der *London Review of Books* veröffentlichten Essay »Die Israel-Lobby und die amerikanische Außenpolitik« in dieser Richtung für einiges Geräusch gesorgt. Weil ihre These auf breite Resonanz stieß, arbeiteten sie ihren Aufsatz kurz darauf zu einem international erfolgreichen Buch aus. Mearsheimer und Walt sehen die amerikanische Außenpolitik so stark dem sinistren Einfluss der jüdischen Lobby in Washington ausgesetzt, dass sich die Supermacht im Nahen Osten vor den Karren Israels spannen lasse und damit ihre eigenen Interessen in der Region beschädige. Wesentliche Elemente der Philippika Mearsheimers und Walts lauten: Ohne die gefährliche Israel-Lobby hätte es keinen amerikanischen Einmarsch im Irak gegeben; das Problem des radikal-islamischen Terrorismus hätte sich nicht so mörderisch entwickeln können; ein Frieden im Nahen Osten könnte in greifbarer Nähe statt in fast unerreichbarer Ferne sein; der Ruf Amerikas in aller Welt wäre nicht so gründlich ruiniert.

Gegen diese Verschwörungstheorie wurde mancherlei eingewendet, etwa die Tatsache, dass schon unter Trumans Nachfolger, Dwight D. Eisenhower (1953 bis 1961), die amerikanisch-israelischen Beziehungen eher frostig waren. Nach dem Angriff israelischer Truppen – mit Unterstützung Großbritanniens und Frankreichs – auf ägyptische Stellungen auf der Sinai-Halbinsel Ende Oktober 1956 drohte Washington mit wirtschaftlichen und politischen Sanktionen und zwang Israel, seine Truppen am 7. November 1956 von der Zone am Suez-Kanal wieder zurückzuziehen: Die Suez-Krise entschied Washington also zugunsten Ägyptens und gegen Israel. Seit John F. Kennedy haben zwar alle amerikanischen Präsidenten eine »Verpflichtungserklärung« zum Schutz und für die Existenzsicherheit Israels abgegeben, doch die motivierende Kraft amerikanischer Politik blieb – im Nahen Osten wie überall auf der Welt – das ureigene nationale Interesse der Vereinigten Staaten. Bis heute befindet sich die amerikanische Botschaft nicht in Jerusalem, wie es die israelische Regierung wünscht, sondern in Tel Aviv. Darüber hinaus gab es durchaus unterschiedliche Haltungen der einzelnen Präsidenten. Lyndon

B. Johnson (1963 bis 1969), Richard Nixon (1969 bis 1974), Gerald Ford (1974 bis 1977) und Ronald Reagan (1981 bis 1989) standen fest an der Seite Israels – obschon Reagan gegen den Willen Israels (und schon gar der »Israel-Lobby«) in den achtziger Jahren den Verkauf von amerikanischen Awacs-Radarflugzeugen an Saudi-Arabien durchsetzte. George Bush sen. (1989 bis 1993) versuchte eine Art Äquidistanz zu Israel und zu den arabischen Partnern – zumal Saudi-Arabien und Ägypten – zu wahren. Aus Jimmy Carters (1977 bis 1981) lauer Unterstützung für Israel zu dessen Amtszeit ist heute eine scharfe Kritik Israels geworden, nicht nur wegen der Siedlungspolitik und wegen des Baus der Schutzmauer zu den Palästinenser-Gebieten. George W. Bush (2001 bis 2009) lässt sich gerne mit dem Prädikat belegen, er sei seit Jahrzehnten der beste Freund Israels im Weißen Haus.

Dem israelischen Ministerpräsidenten Ehud Olmert pflegte Bush deshalb ins Gewissen zu reden, er solle besser noch vor dem Amtswechsel im Weißen Haus vom Januar 2009 einen maßgeblich von Washington vermittelten Frieden mit den Palästinensern schließen. Denn unter einem neuen amerikanischen Präsidenten würde es keinesfalls leichter werden für Israel; jeder Amtsnachfolger im Weißen Haus werde zusätzliche schmerzhafte Zugeständnisse von Israel fordern. Im Ganzen waren republikanische Präsidenten für Israel die besseren Verbündeten – eigentlich ein paradoxer Umstand angesichts der Tatsache, dass traditionell etwa achtzig Prozent der jüdischen Wähler, denen das Schicksal Israels als außen- und sicherheitspolitische Kernfrage seit je besonders am Herzen liegt, die Kandidaten der Demokraten unterstützen. Bei den Kongresswahlen vom November 2006 stimmten laut Wählerbefragungen gar

87 Prozent der jüdischen Wähler für Kandidaten der Demokraten. Auf republikanische Kandidaten für das Repräsentantenhaus und den Senat entfielen nur zwölf Prozent der
jüdischen Stimmen. Bei seiner Wiederwahl 2004 hatte Präsident George W. Bush immerhin noch 24 Prozent der jüdischen Wähler für sich gewinnen können.

Die Mitglieder des AJC, die zum Jahrestreffen im
Washingtoner »Capital Hilton« zusammengekommen sind,
repräsentieren aussagekräftig das amerikanische Judentum.
Es sind vor allem liberale Juden, einige Orthodoxe mögen
unter ihnen sein, aber man sieht an diesem Abend nur wenige Männer mit der Kippah. Das AJC, 1906 gegründet, hat
heute 175 000 Mitglieder. Neben dem Hauptquartier in
New York unterhält es in den USA 33 Regionalvertretun-
gen, dazu Partnerschaften mit 24 jüdischen Menschen-
rechtsorganisationen im Ausland. Zu den Zielen des AJC
gehört der Kampf gegen den Antisemitismus und »jede
Form der Bigotterie«, die Förderung des Pluralismus und
der demokratischen Werte, die Unterstützung für Israels
Streben nach Frieden und Stabilität, die Stärkung jüdischen
Lebens und jüngstens auch die Forderung nach Unabhängigkeit bei der Energieversorgung. Diese Ziele dürften die
allermeisten der bis zu sechs Millionen Juden in den USA
teilen – nicht jedoch die etwa 180 000 antizionistischen
chassidischen Juden, die eine kollektive Rückkehr der Juden
ins Gelobte Land erst nach dem Kommen des Messias be-
fürworten. An dieser politischen Balance – die liberalen Juden sind treue Wähler der Demokraten, die Orthodoxen
und zumal die Chassidim tendieren zu den Republikanern –
dürfte sich vorerst nichts ändern. Jedoch verdoppelt sich
nach Schätzungen von Demografen die Zahl der chassidischen Juden wegen deren großer Kinderzahl alle zwanzig

Jahre, während die liberalen Juden in den USA so gut wie kein Bevölkerungswachstum verzeichnen. Sollten die gegenwärtigen Trends anhalten, könnte die Zahl der chassidischen Juden in den USA noch vor Ende dieses Jahrhunderts jene der liberalen übersteigen.

Bis dahin ist es freilich noch ein langer Weg, und deshalb gehört es bis auf weiteres im Frühling jeden Jahres zum politischen Ritual Washingtons, dass kurz nach dem Jahrestreffen des AJC auch das »American Israel Public Affairs Committee« (AIPAC) zu seiner jährlichen Konferenz zusammenkommt. Anders als das AJC, das sich vor allem als jüdische Menschenrechtsorganisation versteht, ist das AIPAC eine jüdische Lobbyistenvereinigung reinsten Wassers, die an den Schaltzentren der Macht in der amerikanischen Hauptstadt ihre Interessen durchzusetzen versucht. AIPAC wurde 1953 unter dem Namen »American Zionist Committee for Public Affairs« gegründet. Wenige Jahre später wurde jedoch der Name des Komitees geändert, um mehr Mitglieder und Unterstützung zu gewinnen. Wenn von der »Israel-Lobby« die Rede ist, dann ist vor allem das AIPAC gemeint, das sich wachsenden Zulaufs erfreut und nach eigenen Angaben heute etwa 100000 Mitglieder hat. Von dem renommierten politischen Magazin *National Journal* wird AIPAC als »eine der vier effektivsten Lobbyorganisationen« in Washington beschrieben. In einer Umfrage des Wirtschaftsmagazins *Fortune* unter allen Mitgliedern des Repräsentantenhauses, welche Lobby-Organisation in Washington die mächtigste sei, landete AIPAC auf dem zweiten Rang – noch vor der Waffenlobby »National Rifle Association« (NRA), lediglich geschlagen von der Rentner- und Seniorenlobby »American Association of Retired Persons« (AARP).

Tatsächlich kann es sich kein Politiker leisten, wenn er eine schon erreichte Position halten oder erst noch etwas werden will, bei der AIPAC-Konferenz nicht aufzutreten. Jahr um Jahr wächst die Zahl der Teilnehmer an der Konferenz, im Wahljahr 2008 kamen 7000 Aktivisten, Studenten, Forscher und Politiker ins Washingtoner »Convention Center«. Am 2. Juni 2008 hielt der republikanische Präsidentschaftskandidat John McCain die Eröffnungsrede, tags darauf trugen auch die demokratischen Bewerber Barack Obama und Hillary Clinton ihre sehr freundlichen Redemanuskripte vor dem Plenum der AIPAC-Konferenz vor. Alle drei Kandidaten bekannten sich zur unverbrüchlichen Freundschaft Amerikas mit Israel. Die einstige First Lady Hillary Clinton gab wenige Tage nach ihrer mit viel Beifall aufgenommenen Rede bei AIPAC das aussichtslose Rennen gegen Obama endgültig auf. Zudem ließen sich die demokratische Sprecherin des Repräsentantenhauses, Nancy Pelosi, der Mehrheitsführer der Demokraten im Senat, Harry Reid, sowie der republikanische Fraktionschef im Repräsentantenhaus, John Boehner, vernehmen. Außenministerin Condoleezza Rice benutzte ausgiebig Passagen ihrer Rede von der Jahreskonferenz des AJC, und diese kamen auch bei AIPAC wieder ausnehmend gut an. In früheren Jahren hatten zuletzt die Präsidenten Bill Clinton und George W. Bush sowie Vizepräsident Dick Cheney, dazu die israelischen Ministerpräsidenten Ariel Sharon und Ehud Olmert der AIPAC-Konferenz ihre Aufwartung gemacht. Beim Gala-Dinner zum Abschluss der Konferenz von 2008 waren mehr als 200 der 435 Abgeordneten des Repräsentantenhauses dabei, dazu die Hälfte der hundert Senatoren und weitere fünfzig Mitglieder der amerikanischen und israelischen Regierung sowie Diplomaten beider Staaten.

Vielleicht mehr noch als die evangelikalen und die katholischen Christen beteiligen sich die amerikanischen Juden aktiv am politischen Prozess. Seit den Wahlen vom November 2006 hat der Kongress 43 jüdische Mitglieder, so viele wie noch nie in der amerikanischen Geschichte. Dreißig der 435 Abgeordneten des Repräsentantenhauses sind Juden, außer dem Republikaner Eric Cantor aus Richmond in Virginia sind alle Demokraten. Im Senat gibt es sogar 13 Juden, neun sind Demokraten und zwei – Joseph Lieberman aus Connecticut und Bernie Sanders aus Vermont – sind Unabhängige, die in aller Regel mit der Fraktion der Demokraten stimmen; die republikanischen Senatoren Norm Coleman (Minnesota) und Arlen Specter (Pennsylvania) gehören zu den liberalsten Vertretern ihrer Partei. Mit einem Anteil von knapp sieben Prozent im Repräsentantenhaus und sogar 13 Prozent im Senat sind jüdische Politiker im Kongress deutlich überrepräsentiert: Denn die etwa sechs Millionen Juden stellen nur knapp zwei Prozent der Gesamtbevölkerung der USA.

Und dennoch erklärt dieser Umstand so wenig wie der angebliche Einfluss der jüdischen Lobby die Nahost-Politik der USA sowie die offensichtlich zeitlose Allianz zwischen Amerika und Israel, zwischen Amerikanern und Juden. Der amerikanisch-israelische Historiker Michael B. Oren hat gezeigt, dass es die Elemente Macht, Glaube und Fantasie waren und sind, welche die amerikanische Nahost-Politik seit den Tagen der Unabhängigkeitserklärung von 1776 prägen. Schon seit dem frühen 19. Jahrhundert »sind die Vereinigten Staaten umfassend, tief und wahrscheinlich existenziell in den Nahen Osten verstrickt«, schreibt Oren. »Und zwar gewissermaßen an zwei Schauplätzen: daheim in Amerika und in Palästina selbst.«

Zum einen wollten schon die puritanischen Pilgerväter in Amerika ein »Neues Zion«, ein »Neues Jerusalem« schaffen. Das neue Gemeinwesen sollte, in den berühmten Worten des Laienpredigers und Gouverneurs von Massachusetts, John Winthrop (1578 bis 1649), eine für das gesamte Menschengeschlecht beispielhaft strahlende »Stadt auf dem Hügel« sein. Die christlichen Siedler aus England verstanden sich als Nachfahren und Erben der Juden, als gleichfalls auserwähltes Volk, dem in Amerika vergönnt sein würde, was den Juden im Gelobten Land (noch) verwehrt blieb: Milch und Honig fließen zu sehen. Die kollektive Psyche der Vereinigten Staaten des 19. Jahrhunderts und auch der evangelikalen Christen von heute lässt sich nur vor dem Hintergrund der Geschichten und Mythen der hebräischen Bibel, des Alten Testaments, verstehen. Das neue Kanaan werde blühen, so verkündeten die puritanischen Prediger von damals und wettern die evangelikalen Fernsehprediger von heute, wenn das auserwählte Volk nach den Gesetzen Gottes lebe. Sollte das neue Volk Gottes aber von seinem Weg abkommen und die ihm ausersehene »Manifest Destiny« nicht erfüllen, werde es ihm ergehen wie seinen Vorvätern im Heiligen Land: Die zogen den Zorn des Allmächtigen auf sich und wurden vertrieben, nachdem sie Gott gelästert hatten. Bis heute finden sich Anspielungen auf das Alte Testament in vielen politisch-historischen Grundsatzreden und Essays zu Herkunft und Zukunft der Vereinigten Staaten. Mehr als tausend amerikanische Städte und Gemeinden tragen Namen aus der Heiligen Schrift, die meisten aus dem Alten Testament.

Es gab aber auch eine gegenläufige Bewegung, eine Art prophetischen Zionismus von Amerika in Richtung Palästina. Lange bevor Theodor Herzl (1860 bis 1904) im Jahre

1896 seine zionistische Programmschrift »Der Judenstaat«
veröffentlichte, machten sich 1819 protestantische Missionare von Boston aus auf den Weg ins Heilige Land. Ihr Ziel
war es, in Palästina die Souveränität der Juden wiederher-
zustellen und überdies die Seelen der orthodoxen Christen,
der Maroniten und der Drusen zu retten. Es waren zudem
amerikanische Protestanten und eben nichtjüdische Zionisten, die als Erste die Schaffung eines unabhängigen Judenstaates in Palästina forderten. Diese protestantischen
Restorationisten sahen die Juden als ihre Vettern im Glauben und als Instrumente der kommenden Erlösung. Sie
hofften, die Einlösung des Versprechens Gottes, wonach die
Juden dermaleinst ins Gelobte Land zurückkehren würden,
beschleunigen zu können. Deshalb schufen sie die Voraussetzung dafür, dass die Juden die Souveränität über das Heilige Land wiedererlangen konnten. Die Wiederherstellung
des historischen Zustands von Jesu Lebzeiten sollte auch die
Bühne für die Wiederkehr des Messias bereiten. Und wenn
Christus wieder auf Erden wandeln würde, würden ihn
auch die Juden endlich als ihren Messias anerkennen und
sich zum Christentum bekehren.

Der Schriftsteller Herman Melville berichtet in seinem
Tagebuch von einem Besuch bei der »American Agricultural Mission« von Walter Dickson und dessen Familie in Palästina im Jahre 1857. »Es ist eine Tatsache, dass die Zeit erfüllt ist. Wir nichtjüdischen Christen müssen den Weg bereiten«, sagte der von Endzeitgewissheit erfüllte Dickson,
der die sehnlich erwarteten Juden im Anbau von Ananas,
Bananen und Zitronen zu unterrichten gedachte. Ein knappes Jahr nach dem Besuch Melvilles, am 11. Januar 1858,
überfiel eine Gruppe von Beduinen die Farm Dicksons. Die
Männer wurden erschossen, die Frauen vergewaltigt, die

Häuser ausgeraubt. Es war das Ende der »American Agricultural Mission«.

Die meisten Versuche ausgewanderter Amerikaner, das Heilige Land für die Rückkehr der Juden und für die Wiederkehr des Messias vorzubereiten, scheiterten kläglich – wenn auch nicht so tragisch wie jener der Dicksons. Den Pionieren aus der Neuen Welt fehlte es an Erfahrung und an Geld, und die Juden in der Diaspora teilten den Enthusiasmus der protestantischen Zionisten in keiner Weise: Sie wollten einfach nicht nach Palästina kommen. Noch nicht. Erst ein knappes Jahrhundert und einen Holocaust später strömten sie ins Heilige Land und gründeten den Judenstaat. Zu dessen energischsten Unterstützern in Amerika gehören heute die Nachfahren der Pilgerväter und der Restorationisten: Es sind evangelikale Protestanten und christliche Zionisten wie der Gründer der Organisation »Christians United for Israel«, John Hagee. Der fulminante Prediger der »Cornerstone Church« in San Antonio (Texas) hisst in seiner Megakirche die israelische Flagge fast ebenso gern wie die amerikanische. Den Kampf Israels gegen seine Feinde in der arabisch-muslimischen Welt betrachtet Hagee als Gottes Werk und als »Krieg des Guten gegen das Böse«. Seine evangelikalen Mitchristen versucht er von der »biblischen Pflicht« zur Unterstützung des Judenstaates zu überzeugen.

Die konservativen Evangelikalen aber sind Stammwähler der Republikaner, und ihr Einfluss auf die amerikanische Israel-Politik dürfte deutlich größer sein als jener der wackeren, aber kleinen jüdischen Lobby, die von Mearsheimer/Walt und anderen mit verkappt antisemitischer Insinuation zum gefährlichen Behemoth aufgebauscht wird. Wie der amerikanische Politologe Walter Russell Mead treffend feststellt, ist das mythische Verständnis von der Herkunft und vom Schicksal der USA eines der wirkmächtigsten und dauerhaftesten Elemente der amerikanischen Kultur und des amerikanischen Denkens. Wie einst die alten Hebräer glaubten viele Amerikaner heute, dass sie »eine Offenbarung mit sich tragen, die letztlich nicht nur für sie selbst, sondern für die ganze Welt bedeutsam ist«: Sie betrachten die USA als »Gottes neues Israel«. Aus dieser vermeintlichen Verwandtschaft mit den Juden erwächst für viele Amerikaner der Glaube, dass es nur recht und billig sei, wenn »ein erwähltes Volk das andere unterstützt«. Deshalb werde die amerikanische Nahost-Politik auch in der Zukunft vom Willen der Mehrheit der Amerikaner geprägt sein und nicht von den Machenschaften irgendeiner Minderheit – mögen ihre Mitglieder noch so wohlhabend und noch so politisch engagiert sein.

Die Kinder von Kiryas Joel

Im Ostküsten-Schtetl

Von Manhattan ins Schtetl ist es eine knappe Stunde Fahrt. Sie führt am westlichen Ufer des Hudson River nach Norden, zunächst durch das nicht enden wollende Konglomerat von Vorstädten und Vororten, die Hackensack, Bergenfield, Blauvelt oder auch Orangeburg heißen. Dann geht es hinein in die Ramapo Mountains, durch Kiefernwälder und vorbei an zahllosen kleinen Seen. Der Staat New York unterhält hier seit 1910 den »Harriman State Park«, benannt nach dem Eisenbahnmagnaten Edward Henry Harriman (1848 bis 1909), von dem es wegen seiner Lust am Erwerb riesiger Landflächen einst hieß, er sammle Berge wie andere Leute Briefmarken. Harrimans Witwe, Mary Averell, vermachte nach dem Tod ihres Mannes dem Bundesstaat New York die Ländereien unter der Bedingung, dass dort ein Naturschutzgebiet und Wanderparadies entstehe. So geschah es, und bis heute ist der »Harriman State Park« mit seinen Wanderwegen und den fast drei Dutzend Seen und Teichen eines der beliebtesten Naherholungsgebiete nördlich von New York City.

Es ist ein abrupter Wechsel von den vierspurigen Straßen mit den gleichförmigen Einkaufszentren und chromblitzenden Autohäusern zur schmalen Landstraße durchs Grüne mit gelegentlichem Blick ins Tal des Hudson, von der zersiedelten Stadtlandschaft zur malerischen Seenlandschaft. Die Kleinstädte jenseits des »Harriman State Park« bestehen aus einem kleinen Stadtkern mit einer Handvoll Geschäfts- und Wohnhäusern aus der amerikanischen Gründerzeit, von ihren Besitzern oder einem gemeinnützigen Verein liebevoll erhalten oder restauriert. Schließlich soll nicht das ganze wirtschaftliche Leben in den nahen Ballungsraum abwandern. Außerdem muss den Ausflüglern am Wochenende etwas Geschichte dargeboten werden. Die Dörfer ringsum sind ausgedehnte Streusiedlungen, wo sich Eigenbrötler und Naturliebhaber in ihre abgeschiedenen Häuser unter mächtigen Bäumen zurückziehen.

Eine typische Kleinstadt im Landkreis Orange ist Monroe. Das Städtchen, benannt nach dem fünften Präsidenten der Vereinigten Staaten, James Monroe, der von 1817 bis 1825 im Amt war, liegt südlich der Interstate 86; diese Autobahn führt in nordwestlicher Richtung von New York City über die Catskill Mountains bis zum Eriesee. Monroe hat knapp 8000 Einwohner, es gibt ein paar Handwerksbetriebe, einen Bauunternehmer, einen kleinen Supermarkt, ein Café. Bei der letzten Volkszählung wurde ein Anteil von 91 Prozent Weißen ermittelt, 8,7 Prozent waren Latinos. Das Durchschnittseinkommen pro Haushalt betrug etwa 71 000 Dollar im Jahr. Knapp fünf Prozent der Familien in Monroe lebten unter der Armutsgrenze von 21 000 Dollar pro Jahr für eine Familie mit zwei Kindern. Als durchschnittliches Alter der Einwohner von Monroe wurden 36 Jahre ermittelt. Zu einer Familie zählten statistische 3,5 Personen. Auf einen Quadratkilometer Fläche kamen knapp 880 Einwohner. Es gibt im Hinterland von New York City viele Städtchen wie Monroe. Immer mehr Pendler ziehen immer weiter hinaus aus der Stadt, weil hier oben die Immobilienpreise noch nicht ganz so astronomisch hoch sind wie im unmittelbaren Weichbild der Metropole.

Der Nachbarort von Monroe ist anders, ganz anders sogar. Hat man die Brücke über die »I-86« nach Norden überquert, erreicht man Kiryas Joel. Hier gibt es keine verstreuten Häuser, die an der Landstraße oder buchstäblich mitten im Wald liegen. Kiryas Joel franst nicht aus in die Umgebung, die Stadt beginnt jenseits einer imaginären Grenze, und dann ist man mittendrin. Eng aneinander stehen die Reihenhäuser, daneben sind schon die nächsten Baugruben ausgehoben. Es ist Samstag, also Schabbes in Kiryas Joel, und deshalb fährt kein Auto auf der Straße – sieht man von jenem des Besuchers und von den gelegentlich passierenden Lieferwagen ab. Dafür bewegen sich auf ihr umso mehr Männer mit mächtigen Bärten und gekräuselten Schläfenlocken, in wadenlangen schwarzen Kaftanen, unter denen die schneeweißen Kniestrümpfe hervorblitzen. Auf dem Kopf tragen sie einen dunkelbraunen oder schwarzen Schtreimel, wie die zylinderförmigen Pelzmützen heißen. Die meisten haben zudem einen weißen Gebetsschal mit Ornamentmuster über die Schultern gelegt, denn sie sind auf dem Weg in die Synagoge. Und man gewahrt Frauen in langen grauen oder braunen Kleidern, dazu das Kopftuch in gedeckten Farben und dezenten Mustern. Fast alle Frauen, die ganz jungen wie auch die älteren, schieben einen Kinderwagen vor sich her, und an der Hand halten sie jene Kleinkinder, die gerade ihre ersten Schritte getan haben oder vor lauter Freude an der Bewegung sonst wohin davonlaufen würden.

Ganz Kiryas Joel steht voller bunter Plastikdreiräder, Schiebekarren, Fahrräder mit Stützrädern und anderer Kinderfahrzeuge. Und überall sind Kinderwagen geparkt. Weil es keine öffentlichen Parks und kaum Spielplätze gibt und weil die Reihenhäuser praktisch keine Gärten haben, findet das Leben der Kinder auf der Straße statt. Überhaupt die Kinder von Kiryas Joel: Sie sind überall, auf den Bürgersteigen, mitten auf der Straße, in den kleinen Vorgärten. Die Mädchen tragen lange Samtkleidchen in dunklen Farben und mit weißer Borte, die Haare sind zu einem Zopf zusammengefasst. Ihren Müttern und Großmüttern scheinen sie in allem nachzueifern, denn schon die Mädchen schieben Kinderwagen vor sich her, in welchen ihre kleinsten Geschwister oder ersatzweise Puppen sitzen. Die Jungen haben die Jarmulka, die kreisrunde schwarze Kappe, auf dem fast kahlgeschorenen Kopf. Spätestens in der Pubertät werden sie ihre schon jetzt beeindruckenden Schläfenlocken mit immer länger werdenden imposanten Vollbärten ergänzen – und damit ihren Vätern und Vorvätern nacheifern.

Wenn aber der Bart erst einmal gewachsen ist und die Mädchen zu jungen Frauen geworden sind, dann wird es bald so weit sein, dass die Eltern für ihre heranwachsenden Kinder einen Ehepartner aussuchen. Denn die Partnerwahl und das Heiraten werden in Kiryas Joel von den Familien arrangiert und nicht dem Zufall der Liebe überlassen. Wie außergewöhnlich, ja einzigartig Kiryas Joel ist, zeigt ein vergleichender Blick auf die einschlägigen Statistiken. Kiryas Joel ist eine junge Ortschaft, die ersten 14 Familien kamen erst 1977 in die südlichen Ausläufer der Schenemunk Mountains im Bundesstaat New York. Damals war Monroe südlich der Autobahn noch deutlich größer als die neue Siedlung. Die chassidischen Juden dort sprachen ein sonderbares Idiom und wollten nicht viel mit den Leuten in der Umgebung zu tun haben. Heute leben mehr als 3000 Familien in Kiryas Joel, das sind zusammen gut 20 000 Menschen, und ein Ende des explosiven Bevölkerungswachstums ist nicht abzusehen. 99 Prozent der Einwohner sind Weiße, nämlich ultraorthodoxe Juden, der Anteil der Latinos beträgt weniger als ein Prozent. Das Durchschnittseinkommen liegt gemäß letztem Zensus bei gerade einmal 15 300 Dollar pro Familie und Jahr. 64 Prozent der Einwohner leben unterhalb der Armutsgrenze, das ist der höchste Anteil an Armen im ganzen Staat New York. Das Durchschnittsalter der Bevölkerung von Kiryas Joel liegt bei 15 Jahren, so niedrig wie in keiner anderen Stadt in den USA. Zum Vergleich: Als durchschnittliches Alter aller mehr als 300 Millionen Einwohner des Landes wurden bei der letzten Volkszählung 35 Jahre ermittelt. Familien mit zehn Kindern sind in Kiryas Joel keine Seltenheit, die statistische Durchschnittsgröße einer Familie beträgt gut 5,8 Personen. Die Einwohnerdichte schließlich liegt bei mehr als 4600 Menschen pro Quadratkilometer, das ist mehr als fünfmal so viel wie im Nachbarort Monroe.

Dass es Kiryas Joel überhaupt gibt, ist ein kleines Wunder – ebenso wie die rasante Entwicklung dieses jüdischen Schtetls, das um mehr als 7000 Kilometer von seinem Ursprungsort in Satu Mare im früheren Österreich-Ungarn und heutigen Rumänien ins ländliche Bergland des Bundesstaats New York versetzt wurde. Wie ihre Vorfahren in Mittel- und Osteuropa seit Urzeiten sprechen die Leute von Kiryas Joel heute noch Jiddisch. Man hört kaum ein Wort Englisch auf den Straßen. Die Aufschriften am Supermarkt, vor der Zahnarztpraxis, an der Bäckerei sind in hebräischer Schrift, nicht immer gibt es auch eine englische Fassung des Textes. Die »Heimishe Hungarian Bakery« in der Garfield Road gleich neben der mächtigen Synagoge bietet »Challas and Fresh Kiepeleh« feil. Die Zweigstelle von »Western Union« lässt auf dem Ladenschild die Kundschaft in ungarischer, slowakischer und russischer Sprache wissen, dass man von hier aus Geld in die ganze Welt übermitteln lassen kann.

Im Volksmund der umliegenden Ortschaften heißt die chassidische Enklave »Curious Joel« – Sonderbarer Joel. Die korrekte Übersetzung von Kiryas Joel aus dem Hebräischen lautet freilich »Stadt des Joel«, benannt nach dem unter Chassidim weithin verehrten Rabbi Joel Teitelbaum. Der wurde 1887 in Sighet (damals Österreich-Ungarn, heute Rumänien) geboren, brachte es als Rabbi und Talmud-Gelehrter in Satu Mare (ungarisch Szatmárnémeti) zu beträchtlichem Ruhm und starb schließlich 1979 in New York. Rabbi Joel Teitelbaum entstammte einer traditionsreichen Familie von chassidischen Rabbis, die ihre Ursprünge wohl bis auf den legendären Gründer des Chassidismus, den als Baal Shem Tov bekannten Rabbi Israel ben Eliezer (1698 bis 1760), zurückführen kann. Rabbi Teitelbaum entkam während des Zweiten Weltkrieges den Massendeportationen der ungarischen Juden durch die Nazis nach Auschwitz, weil er das Glück hatte, einen Platz im berühmten Zug von Rudolf Kasztner zu ergattern. Kasztner, 1906 in Klausenburg geboren, war ein jüdischer Anwalt und Journalist, der im Frühjahr 1944 während der deutschen Besatzung Ungarns das Kunststück vollbrachte, mit SS-Führer Adolf Eichmann die Deportation von fast 1700 Juden mit einem Zug zu vereinbaren. Die Fahrtrichtung des »Kasztner-Zuges« war aber nicht nach Osten ins Vernichtungslager Auschwitz, wohin zwischen Mai und Juli 1944 von Budapest aus Todeszüge mit täglich etwa 12 000 Juden rollten. Der »Kasztner-Zug« verließ am 1. Juli 1944 die ungarische Hauptstadt mit Ziel Basel, und an Bord der Güterwaggons waren neben wohlhabenden Unternehmern, Intellektuellen und Künstlern aus Ungarn auch jüdische Flüchtlinge aus Polen und aus der Slowakei; und vierzig Rabbis, unter ihnen Joel Teitelbaum.

Kasztner hatte mit Eichmann die Zahlung eines Kopfgeldes von 1000 bis 2000 Dollar pro Passagier seines Zuges ausgehandelt. Die wohlhabenden Juden aus Budapest und aus anderen ungarischen Städten konnten das Lösegeld an Eichmann und an dessen Vertreter Kurt Becher aus eigenen Mitteln aufbringen. Der Freikauf von Armen und Mittellosen wurde durch Spenden bestritten. Freilich brach Eichmann sein Versprechen, den Zug direkt in die Schweiz fahren zu lassen und dirigierte ihn stattdessen ins Lager Bergen-Belsen in Niedersachsen um. Dort mussten die Passagiere des einzigen Deportationszuges, der Juden aus Mittel- und Osteuropa in ein neues Leben statt in den Tod brachte, mehrere Monate ausharren, ehe sie schließlich nach langen Verhandlungen mit Becher und weiteren Lösegeldzahlungen im November und Dezember 1944 in die Schweiz kamen. Kasztner, der in Budapest mit Oskar Schindler, Raoul Wallenberg und Carl Lutz zusammenarbeitete und nach Kriegsende nach Israel auswanderte, sollte anders als diese drei anerkannten Retter von Juden nach dem Krieg aber weder Lob noch gar Ruhm erlangen. Er sah sich zeitlebens dem Vorwurf der Kollaboration ausgesetzt, was schließlich auch zu seiner Ermordung im März 1957 führte.

Rabbi Joel Teitelbaum lebte nach dem Krieg einige Jahre in Jerusalem, übersiedelte aber schon Anfang der fünfziger Jahren in den New Yorker Stadtteil Williamsburg im Norden Brooklyns, wohin vor und während des Krieges zahlreiche Mitglieder der Szatmárer Chassidim geflohen waren. Schätzungsweise 70000 Anhänger der chassidischen Szatmár-Rabbis wurden während des Holocaust ermordet. Ob vor und während des Zweiten Weltkrieges mehr Szatmár-Juden hätten gerettet werden können, wären sie frühzeitig etwa ins damalige britische Mandatsgebiet Palästina geflohen, ist bis heute umstritten. Klar aber ist, dass die antizionistische Überzeugung der meisten Chassidim – auch des Rabbis Joel Teitelbaum – den Impuls zur frühzeitigen Flucht aus Deutschland und zumal den besetzten Ostgebieten nach Palästina und ins spätere Israel nicht eben befördert hat. Bis heute glauben die meisten Chassidim, unter ihnen die bis zu 130 000 Anhänger der Szatmár-Rabbis, dass die Gründung des Staates Israel gegen das talmudische Gebot verstößt, wonach die Juden erst nach dem Kommen des Messias ins Land Israel zurückkehren sollen. In seiner Schrift »Vayoel Moshe« von 1961 bringt Rabbi Joel Teitelbaum den Holocaust unmittelbar und ausdrücklich mit dem Zionismus in Verbindung: »Viele wollen nicht wahrhaben, dass es die zionistischen Gruppen waren, die gegen den Eid verstoßen haben, erst nach dem Kommen des Messias einen jüdischen Staat zu gründen. Wegen des Zionismus wurden sechs Millionen Juden getötet. Es ist eine Tatsache, dass es sich dabei um die bittere Strafe handelt, um das spirituelle und physische Begleichen einer Schuld durch das jüdische Volk«, schreibt Teitelbaum.

Rabbi Teitelbaum begann schon Anfang der sechziger Jahre mit der Suche nach einem Ort, an dem seine Gefolgsleute und deren Familien ein gottgefälliges Leben nach den Forderungen der Torah und des Talmuds würden führen können. Seine Wahl fiel auf die Ortschaft Monroe im Landkreis Orange, wo Mitte der siebziger Jahre die ersten Hektar Wald- und Ackerland erworben wurden: Der Grundstein für Kiryas Joel war gelegt. Als Rabbi Joel Teitelbaum im August 1979, gerade einmal zwei Jahre nach der Übersiedlung der ersten Familien nach »KJ«, starb, wurde mit seinem monumentalen Begräbnis der Friedhof des neuen Schtetls im Bundesstaat New York eingeweiht. Geschätzte 100 000 Szatmár-Juden erwiesen ihrem geliebten Rebbe die letzte Ehre und stürzten Monroe, Kiryas Joel und die Umgebung in ein nie gekanntes Verkehrschaos. Ähnliches wiederholt sich seither jährlich am 19. August, wenn nicht nur ganz Kiryas Joel, sondern auch die Szatmár-Juden aus Williamsburg in Brooklyn und von anderswo auf den schmucklosen Friedhof auf einer kleinen Anhöhe vor Kiryas Joel zur Feier der »Yahrzeit«, des traditionellen Totengedenkens am Sterbetag, kommen.

Rabbi Teitelbaum war es nicht vergönnt, nach alter Sitte unter seinen Söhnen den ältesten zu seinem Nachfolger zu küren – Rabbi Teitelbaum hatte keine Söhne. Er überlebte sogar die drei Töchter aus erster Ehe, die ebenso wie seine erste Frau Chavah früh starben. Da aus seiner zweiten Ehe mit Alte Faige Shapiro keine Kinder hervorgingen, übernahm nach dem Tod von Rebbe Teitelbaum dessen Neffe, Moshe Teitelbaum, der 1914 geborene Sohn seines älteren Bruders Chaim Tzvi Teitelbaum (1880 bis 1926), die Führung über die Szatmár-Juden. Moshe Teitelbaum hatte das Vernichtungslager Auschwitz überlebt, seine Frau Leah und die drei Kinder waren dort ermordet worden. Nach dem Krieg zog Moshe Teitelbaum wie sein Onkel Joel nach Williamsburg, wo er eine Torah- und Talmud-Schule leitete, bis 1979 nach dem Tod Joel Teitelbaums der Ruf zur Führung der Szatmár-Juden an ihn erging. Moshe Teitelbaum starb im April 2006 im Alter von 91 Jahren und wurde inmitten eines mittlerweile schon üblichen Massenauflaufs neben dem Grab seines Onkels auf dem Friedhof von Kiryas Joel beerdigt.

Doch seither herrscht unter den Szatmár-Juden von Kiryas Joel Unfrieden – auch dies eine lange Tradition unter den in viele zum Teil verfeindete Rabbi-Dynastien zerfallenden Chassidim. Moshe Teitelbaums ältester Sohn Aaron, der in Kiryas Joel residiert, nimmt für sich in Anspruch, der Vater habe ihn schon vor Jahr und Tag als künftiges geistliches Oberhaupt der Szatmár-Juden ausersehen. Sein jüngerer Bruder Zalman, der die Mehrheit der in Williamsburg Verbliebenen hinter sich weiß, beruft sich auf ein angeblich in den letzten Lebensjahren geändertes Testament von Rabbi Moshe Teitelbaum, in welchem der jüngere Sohn zum Nachfolger ernannt worden sei. Dem halten Aaron und seine Anhänger entgegen, Moshe sei schon lange vor seinem Tod in die Finsternis der Alzheimer-Krankheit versunken und habe seine Verfügungen gar nicht mehr aus freien Stücken ändern können.

Der Streit zwischen den verfeindeten Brüdern Teitelbaum um Liegenschaften und Guthaben zumal in Williamsburg dürfte die Gerichte im Bundesstaat New York noch lange beschäftigen. Derweil ist die Herrschaft Aaron Teitelbaums und seiner Getreuen, zu denen auch Bürgermeister Abraham Wieder gehört, über Kiryas Joel vorerst ungebrochen. Bei Wahlen zum Gemeinderat und für das Bürgermeisteramt, aber auch bei Präsidenten- und Kongresswahlen stimmen die Wähler von Kiryas Joel wie ein geschlossener Block für jenen Kandidaten, der vom Rabbi und vom Bürgermeister unterstützt wird. Längst ist die rasant wachsende Wählerzahl von Kiryas Joel zu einem bedeutenden Machtfaktor im Bundesstaat New York und vor allem im 19. Kongress-Wahlkreisbezirk geworden. Als sich Bürgermeister Wieder bei den Präsidentenwahlen 2004 für die Wiederwahl von Präsident George W. Bush aussprach, stimmten 92 Prozent der Wähler für Bush. Die republikanische Abgeordnete des 19. Wahlbezirks, Sue Kelly, die 1994 erstmals ins Repräsentantenhaus gewählt worden war, erhielt bei ihrer eigenen Wiederwahl für den Sitz im Repräsentantenhaus im November 2004 beachtliche 67 Prozent der Stimmen von Kiryas Joel.

Weltanschaulich stehen die chassidischen Juden den Republikanern näher, weil diese in ethischen Fragen – etwa im Streit um die Abtreibung oder die Homosexuellenehe – ähnlich konservative Positionen vertreten wie sie selbst. Das sozialpolitische Konzept der Demokraten, mit staatlichen Unterstützungsprogrammen die Armut zu bekämpfen und die Ausbildung an öffentlichen Schulen zu verbessern, kommt dagegen dem umfassenden Bedarf vieler Großfamilien mit geringem Einkommen an Beihilfen der öffentlichen Hand entgegen.

Gerade bei einem erwartet knappen Wahlausgang ist ein stabiler Wählerblock wie in Kiryas Joel von entscheidender Bedeutung. So war es bei den umkämpften Kongresswahlen von 2006, als sich die republikanische Abgeordnete Sue Kelly abermals der Wahl stellte. Ihr Herausforderer von den Demokraten war der politische Neuling John Hall, ein professioneller Rockmusiker, der lange Zeit in Umfragen anscheinend aussichtslos zurücklag. Bis er die Unterstützung von Bürgermeister Wieder aus Kiryas Joel erhielt. Für Hall hatten sich zuvor Senatorin Hillary Clinton aus New York und die Fraktionschefin der Demokraten im Repräsentantenhaus, Nancy Pelosi (Kalifornien), bei Bürgermeister Wieder eingesetzt. Dagegen versuchte der New Yorker Bürgermeister Michael Bloomberg bei einem Treffen mit seinem Amtskollegen von Kiryas Joel diesen zur abermaligen Unterstützung von Sue Kelly zu überzeugen.

Ausschlaggebend für Wieders Entscheidung, statt Sue Kelly nun John Hall zu unterstützen, dürfte die Erkenntnis gewesen sein, dass im ganzen Land ein Stimmungsumschwung zu beobachten war, der für einen Sieg der oppositionellen Demokraten bei den Kongresswahlen sprach. Die Wähler von Kiryas Joel folgten der Empfehlung ihres Bürgermeisters abermals mit großer Disziplin: Auf den neuen Favoriten Hall entfielen 88 Prozent der abgegebenen Wählerstimmen, die unterlegene Republikanerin Sue Kelly stürzte von 67 auf zwölf Prozent. John Halls Erdrutschsieg in Kiryas Joel brachte ihm ursächlich den Sieg im gesamten 19. Wahlbezirk ein, den er knapp mit 51 zu 49 Prozent und einem Vorsprung von 4760 Wählerstimmen auf Sue Kelly gewinnen konnte. Wieder und seine Wähler in Kiryas Joel waren die Königsmacher von John Hall, und Hall weiß, dass er ohne die fortgesetzte Unterstützung der chassidischen Juden in seinem 19. Wahlbezirk den Sitz im Repräsentantenhaus kaum verteidigen kann.

Schon vor dem Machtwechsel im Kongress vom November 2004 auf der Seite der späteren Sieger gestanden zu haben, versprach für Bürgermeister Wieder bessere Aussichten, die eigenen Interessen im Bundesstaat New York wie auch im Kongress in Washington durchsetzen zu können: Es geht etwa um das Recht, weiteres Land von den Nachbargemeinden erwerben und sogleich als Bauland ausweisen zu dürfen – wogegen sich viele Leute von Monroe und aus anderen benachbarten Orten mit Händen und Füßen wehren, weil ihnen das rasant wachsende Kiryas Joel immer näher rückt und ihre Kleinstadtidylle bedroht; es geht darum, mehr Trinkwasser aus dem Aquädukt, das von den Catskill Mountains im Nordwesten in die Metropole New York City führt, für Kiryas Joel abzuzweigen; es geht darum, mehr Abwasser aus Kiryas Joel in die Kläranlage des Landkreises Orange in der unweit gelegenen Stadt Harriman zu leiten. Es geht um Mittel aus dem Haushalt des Bundes und des Bundesstaates New York, um weitere mit Steuergeld geförderte Reihenhäuser für die wachsenden Familien, darum, weitere Schulen und Bibliotheken für die wachsende Kinderschar zu errichten sowie die Feuerwache und die Poliklinik zu erweitern. Es geht also um sehr irdische Interessen einer eng verbundenen Glaubens- und Lebensgemeinschaft, die sich dank dem Wirken ihrer Dynastie von Großen Rebbes, die wie Brücken zum Allmächtigen sind, ihrem Schöpfer nahe weiß. Ihr Leben ist ein fortwährender freudvoller Gottesdienst – was zumal am Schabbes und noch mehr bei den ausufernden Hochzeitsfeiern zum Ausdruck kommt. Und zur Idee des Lebens als Gottesdienst der Freude gehört bei vielen die Überzeugung, dass die Familien mit der großen Kinderschar auch dazu da sind, die »sechs Millionen zu ersetzen«, die im Holocaust verloren wurden.

Im SUV durch das Weltall

Louis Farrakhan und die »Nation of Islam«

Welche Marke und welches Modell würden wohl die Propheten Moses, Jesus und Mohammed gewählt haben, hätte es zu ihrer Zeit schon das Automobil gegeben? Louis Farrakhan jedenfalls kommt am 24. Februar 2008 in einem, nein in zwei weißen Rolls-Royce zum Messe- und Kongresszentrum McCormick Place am South Lake Shore Drive in Chicago gefahren. Aus dem ersten Fahrzeug steigt der »Honorable Minister«, der Ehrenwerte Geistliche Louis Farrakhan höchstselbst. Er trägt einen weißen Anzug mit einem weißen Einstecktuch, ein weißes Hemd und eine silbergrau und weiß gestreifte Krawatte. Auch die Schuhe sind aus weißem Leder. Aus dem zweiten Rolls-Royce steigen eine Handvoll Leibwächter. Sie tragen dunkelblaue Uniformen mit roten Schulterklappen, dazu weiße Hemden und schwarze Fliegen. Auf ihren Uniformmützen stehen in großen weißen Lettern die Buchstaben FOI, »Fruit of Islam«. Das O ist kreisrund, darin unterscheidet man auf rotem Rund einen weißen Halbmond und einen weißen fünfzackigen Stern.

Die Männer vom FOI schauen grimmig, sie wenden – wie es die Art ist im Metier der Leibwächter – den Kopf bald hierhin, bald dorthin, als ob ihre Augen mit einem Röntgenblick ausgestattet wären, mit dem sie die Umgebung auf potenzielle Gefahren durchleuchten könnten. Zum Konvoi gehören weiters mehrere schwarze Sport Utility Vehicles, SUVs genannte Riesenjeeps, die zum platzgreifenden Transport der Durchschnittsfamilie, des alleinstehenden Freizeitenthusiasten, der Hausfrau auf Einkaufstour oder eben auch eines Leibwächterteams genutzt werden. Lange bevor der Konvoi vor dem Haupteingang des McCormick Place vollends zum Stillstand kommt, haben die Sicherheitsleute des FOI die Türen ihrer SUVs geöffnet und sich auf die Trittbretter ihrer ausrollenden Fahrzeuge gestellt, um einen besseren Überblick über die Lage zu haben. Man versteht die Botschaft: Hier kommt eine immens wichtige Person, die es vor wirklichen oder vermeintlichen Gefahren zu schützen gilt.

Derweil erschallt drinnen im vollbesetzten Saal ein ums andere Mal das »Allahu akhbar!« der vielleicht 20 000 Menschen. Die Männer und Frauen – es sind fast ausnahmslos Schwarze – haben sich von ihren Sitzen erhoben, bei jedem Ruf stoßen sie die rechte Faust in die Höhe. Die Männer und Jungen sind im Sonntagsstaat, sie tragen schwarze oder dunkle Anzüge mit Krawatte oder auch die Uniform des FOI mit dem penibel geplätteten weißen Hemd und der schwarzen Fliege. Die meisten Frauen und Mädchen sind in lange weiße Gewänder gehüllt, zu denen auch eine weiße Haube oder ein weißes Kopftuch gehören; die Haare sind bedeckt, aber das Gesicht ist unverschleiert. Bei den kleineren Mädchen tut es offenbar noch das vorzugsweise rosafarbene Kleid, um dem feierlichen Anlass Genüge zu leisten. Einige Kleinkinder sind trotz des ohrenbetäubenden Begrüßungsjubels schon auf den Schultern oder in den Armen ihrer Mütter eingeschlafen. Denn die Veranstaltung ist wegen mancherlei Danksagungen, Einführungen und holpriger Begrüßungsreden dieser Regionalorganisation und jener Vorbereitungsgruppe schon gut und gerne eine Stunde alt, ehe der mit wachsender Spannung erwartete Hauptredner und -prediger endlich eintrifft.

Vom Rednerpult aus, an das gleich »The Honorable Minister« Farrakhan selbst treten und dieses für die kommenden knapp zwei Stunden besetzt halten wird, feuert unterdessen Ishmael Muhammad die Menge an. Muhammad, Jahrgang 1964, ist seit 1991 Stellvertretender Imam der Mariam-Moschee, dem Hauptsitz der »Nation of Islam« an der South Stony Island Avenue von Chicago. Dort befindet sich auch, in einem unansehnlichen Zweckgebäude gleich neben der mächtigen Moschee, die »Muhammad University of Islam«. Der Name ist ein wenig großspurig, denn es handelt sich nicht um eine Universität, sondern um die konfessionelle Privatschule der »Nation of Islam«, an welcher Betreuung und Unterricht vom Kindergarten bis zum »High School Degree« nach der zwölften Jahrgangsstufe angeboten werden. Der breite Boulevard vor der Mariam-Moschee, die ursprünglich eine griechisch-orthodoxe Kirche war, ehe sie 1972 von der »Nation of Islam« erworben und in eine Moschee umgewandelt wurde, hat seit vielen Jahren ehrenhalber den offiziellen Nebennamen »The Honorable Elijah Muhammad Way«. Jedenfalls sind an vielen Laternenpfählen in der Umgebung der Mariam-Moschee jeweils zwei Straßenschilder übereinander angebracht.

Es ist in Amerika nicht ungewöhnlich, Straßen nicht nur nach bedeutenden politischen, sondern auch nach religiösen Führern zu benennen, und so lag es nahe, der South Stony Island Avenue den Beinamen Elijah Muhammad Way zu geben. Denn ohne Elijah Muhammad gäbe es die »Nation of Islam« nicht, es gäbe die mächtige Mariam-Moschee und die

»Muhammad University of Islam« nicht und auch nicht den
»Honorable Minister« Louis Farrakhan, der heute, treu as-
sistiert von Ishmael Muhammad, dem jüngsten Sohn von
Elijah Muhammad, als Führer der »Nation of Islam« das
Werk Elijah Muhammads fortführt. Gewiss wird es in Chi-
cago auch einmal eine nach dem »Honorable Minister«
Louis Farrakhan benannte Straße geben.

Aber da sind wir schon mitten in der verworrenen Geschichte einer der bedeutendsten und auch umstrittensten
Bewegungen der schwarzen Muslime Amerikas, der Geschichte der »Nation of Islam«. Es ist eine Geschichte, in
der Allah um das Jahr 1930 in der Gestalt eines gewissen
Wallace D. Fard leibhaftig auf Erden, genauer: in den Vereinigten Staaten von Amerika wandelt und vier Jahre später
wieder rätselhaft verschwindet. Es ist eine Geschichte, in
welcher im gleichen Jahr, 1934, ein schmächtiger Schwarzer
aus dem amerikanischen Bundesstaat Georgia namens Elijah Poole, der später den Nachnamen Muhammad anneh-
men sollte, als Messias und Wiedergänger des Propheten
Mohammed erscheint; der neue Prophet stellt in Aussicht,
ein halbes Jahrtausend auf Erden zu bleiben, doch dann
stirbt er im Jahre 1975 im irdischen Alter von 77 Jahren an
Herzversagen. Es ist weiterhin eine Geschichte, die davon
weiß, dass ein Jahrzehnt später, am 17. September 1985, ein
anderer irdischer Nachfahr des Propheten Mohammed,
Louis Farrakhan nämlich, in einem kleinen mexikanischen
Dorf eine Vision hat: Danach ist sein Vorgänger-Prophet
Elijah Muhammad gar nicht gestorben, sondern einem
Mordkomplott entkommen. Der vermeintlich ins Reich der
Toten entschwundene Prophet Elijah Muhammad ist phy-
sisch weiter sehr lebendig, er sitzt zudem gemeinsam mit
dem ebenfalls verschwundenen Allah alias Wallace Fard

Muhammad in einem riesigen kreisförmigen Raumschiff mit einem Durchmesser von fast einem Kilometer. Das sogenannte Mutterschiff schwebt unerkannt und unangreifbar in großen Höhen – jenseits der Atmosphäre unseres Planeten. Von dort werden Wallace Fard Muhammad und Elijah Muhammad zur Erde herabsteigen und zu uns Menschen zurückkehren, wenn hienieden bald die letzten Tage anbrechen, um die Gerechten zu retten und die Abgefallenen zu strafen. Es ist schließlich eine Geschichte von bitteren Machtkämpfen um die geistliche und weltliche Führung in der »Nation of Islam«, von Verrat und Enttäuschung, von sehr irdischen und realen Verschwörungen, unter welchen der Mord an Malcolm X, dem charismatischen Führer der schwarzen Bürgerrechtsbewegung und seinerzeit prominentesten Aushängeschild der »Nation of Islam« vom 21. Februar 1965 in New York die spektakulärste war.

Doch greifen wir nicht weiter vor und holen vorerst nicht weiter aus in die mittlerweile fast acht Jahrzehnte während Historie der »Nation of Islam«. Lassen wir stattdessen zunächst ihren Erneuerer Louis Farrakhan zu Wort kommen, nachdem er sich, huldvoll lächelnd und nickend, durch die Reihe der Ehrengäste hindurchgearbeitet hat, stets abgeschirmt von den achtsamen Leibwächtern des FOI. Derweil heißt Ishmael Muhammad mit einer weiteren Danksagung an Allah für »dieses wunderbare menschliche Wesen« den »Ehrenwerten Prediger« abermals willkommen. Und noch einmal schallt ein »Allahu akhbar!« durch die Halle.

Endlich tritt Louis Farrakhan ans weiße Rednerpult, um die eine kleine Ballustrade mit acht weißen Säulchen aufgebaut ist und an welchem ein mächtiges Siegel prangt mit der Aufschrift »Saviour's Day 2008. Chicago. In The Name Of Allah«. Über der Bühne, auf der allerlei Ehrengäste und

Honoratioren sowie Funktionäre und Würdenträger Platz genommen haben, hängt ein großes hellblaues Transparent, darauf steht: »Welcome. Saviour's Day 08. Chicago, Illinois. The Gods at War: The Future Is All About Y.O.U.th«.

Den amerikanischen schwarzen Muslimen der »Nation of Islam« ist ihr »Saviour's Day«, ihr »Tag des Erlösers«, was den Christen Weihnachten ist: die Feier des Geburtstages ihres Heilands. Jedes Jahr am 26. Februar wird der Geburt ihres Religionsgründers Wallace D. Fard gedacht, der gemäß offizieller Legendengeschichte im Jahre 1877 geboren wurde. Wallace D. Fard, dessen Herkunft, Leben und zumal spurloses Verschwinden im Jahre 1934 bis zum heutigen Tag in den Nebel des Numinosen oder doch wenigstens des Mysteriösen eingehüllt bleibt, nannte sich von 1933 an Wallace Fard Muhammad. Denn er sah sich als Bote Allahs in Amerika. Nach seinem Verschwinden im Jahr darauf sollten ihm noch viel höhere Titel zugesprochen werden: Er wurde von seinem treuesten Schüler und Jünger Elijah Muhammad zum Gott, zu Allah selbst erklärt, und gemäß Glaubensdoktrin der »Nation of Islam« hat »Master Wallace Fard Muhammad« bis heute als Gott selbst zu gelten. Sein Geburtstag ist deshalb der höchste Feiertag in der »Nation of Islam«.

So gewiss seit 1934 jedes Jahr der »Saviour's Day« kommt, so ungewiss war es zuletzt, ob Louis Farrakhan noch einmal den höchsten Feiertag der von ihm geführten Glaubensgemeinschaft gemeinsam mit seiner Herde würde feiern können. Am 11. September 2006 – das geschichtsträchtige Datum des fünften Jahrestages der Terroranschläge auf New York und Washington war sicher nicht zufällig gewählt – hatte Farrakhan ein Schreiben veröffentlicht, in welchem er bis auf weiteres seinen Rückzug aus der Öffentlichkeit verkündete. Er verspüre Schmerzen wie zuletzt 1998, als bei ihm Prostatakrebs diagnostiziert wurde, er die Krankheit nach Operation und einschlägiger Therapie aber überwand. Angesichts der neuerlichen schweren Erkrankung, über die keine Einzelheiten mitgeteilt wurden, übergab Farrakhan im September 2006 die Führung der »Nation of Islam« faktisch dem Vorstand. Ob er überhaupt noch einmal die Rollen als Oberhaupt dieser sonderbaren muslimischen Glaubensgemeinschaft und als führende Stimme des »Black America« würde ausfüllen können, stand dahin. Am 25. Februar 2007 trat dann ein sichtlich abgemagerter Farrakhan vor die seinerzeit im Ford Field in Detroit im Bundesstaat Michigan zum »Saviour's Day« versammelten 40 000 Gläubigen. Er habe dem Tod abermals ins Auge gesehen, ließ er die Zuschauer wissen, doch allein Allah entscheide, wann jedes Menschen Zeit gekommen sei. Seine Rede von 2007 war eine fulminante Philippika gegen den Irakkrieg und gegen Präsident George W. Bush. Obschon er eine kürzere Rede versprochen hatte, hielt Farrakhan die üblichen zwei Stunden durch. Ob er wie seit mehr als drei Jahrzehnten auch künftig jedes Jahr den »Saviour's Day« zelebrieren und wieder für alle Welt sichtbar die Führung der »Nation of Islam« übernehmen werde, ließ er offen.

Deshalb ist der »Saviour's Day« 2008 in Chicago, der »Hauptstadt« der »Nation of Islam«, eine sorgfältig inszenierte Wiederauferstehungsshow: Louis Farrakhan, inzwischen 75 Jahre alt, ist wieder da. Zu dieser Inszenierung gehört die allgegenwärtige Kleidungsfarbe Weiß ebenso wie die aufs Kilogramm genau mitgeteilte Entwicklung seines Körpergewichts. »Es geht mir gut«, ruft Farrakhan, nachdem er die Zuhörer mit der Grußformel »Im Namen Allahs, des Wohltätigen, des Barmherzigen« begrüßt hat. Es folgt

die Lobpreisung der Propheten Moses, Jesus und Mohammed, in deren direkter Nachfolge sich noch jedes Oberhaupt der 1930 gegründeten »Nation of Islam« gesehen hat.
Vielleicht hätten die drei Botschafter Gottes aus dem Alten
und dem Neuen Testament sowie aus dem Koran, auf die
sich Farrakhan ausdrücklich zu berufen pflegt, gleich ihrem
Nachfahren unserer Tage auch einen Rolls-Royce gewählt,
wäre zu ihrer Zeit das Automobil schon erfunden gewesen.
Es hätte ja kein weißer sein müssen.

»Kaum 72 Kilogramm habe ich vor gut einem Jahr ge-
wogen, als die Krankheit an mir gezehrt hat«, fährt Farrakhan fort, zudem habe er noch die »schreckliche Operation«
über sich ergehen lassen und die lange Erholungsphase
durchstehen müssen. »Aber jetzt bin ich krebsfrei, denn ich
nehme zu. Ich wiege jetzt wieder 87 Kilogramm und gehöre
schon zu den eher Pummeligen«, sagt Farrakhan und lacht.
Auch das Publikum lacht und klatscht. »Gott ist wirklich!«,
ruft Farrakhan, und aus dem Saal schallt es: »Predige, Farrakhan, predige!« Er danke, fährt der Prediger fort und
wischt sich mit einem weißen Tuch die ersten Schweißper-
len von der Stirn, »dem Allmächtigen Gott Allah für Seine
Güte und Gnade, dass Er mir nach der Erfahrung der To-
desnähe ein weiteres Jahr gewährt hat«. Deshalb werde er
nun, nachdem er im zurückliegenden Jahr die Führung der
»Nation of Islam« im Inneren nach und nach wieder an sich
genommen habe, künftig auch nach außen hin wie eh und je
das sichtbare Haupt der »Nation of Islam« sein: »Die Arbeit
im Inneren dauert fort. Aber ich kann nicht im Innern bleiben, wenn außen so viel zu tun ist.«

Kein Zweifel: Louis Farrakhan ist wieder da. Und das ist
für die »Nation of Islam« buchstäblich überlebenswichtig,
denn sie steht und fällt mit dem »Honorable Minister« an

ihrer Spitze. Die »Nation of Islam« sei »auf Farrakhans Charisma angewiesen«, sagt Arthur J. Magida, Autor eines Grundlagenwerkes über Farrakhan und die Geschichte der »Nation of Islam« mit dem Titel »Prophet of Rage« (Prophet des Zorns). Die wie ein Geheimbund samt paramilitärischer Truppe organisierte »Nation« der schwarzen Muslime Amerikas sei zudem »auf Farrakhans Organisationstalent und auf sein Image als der vielleicht mutigste und herausforderndste Schwarze in den Vereinigten Staaten angewiesen«. Denn »wenn er krank ist, ist die ›Nation of Islam‹ krank«, sagt Magida.

Man könnte freilich von einer Krankheit sprechen, an welcher die »Nation of Islam« seit ihrer Geburt durch den Geist des rätselhaften »Master Fard Muhammad« im Jahre 1930 leidet; von einer Krankheit, die dessen Jünger und Nachfolger Elijah Muhammad in den Jahren seiner Führung über die »Nation« der schwarzen Muslime Amerikas von 1934 bis 1975 gleichsam auf die Spitze getrieben hat; von einer Krankheit, die Louis Farrakhan, der dritte und vielleicht letzte Führer der »Nation of Islam«, seit seiner Übernahme und Neubegründung der »Nation« im Jahre 1978 zunächst weiter hat wuchern lassen, ehe er ihr mit zuerst behutsamen und später entschiedenen Schritten begegnet ist.

Es handelt sich um eine sehr amerikanische Krankheit, die entweder zum Tod der »Nation of Islam« oder zu deren Heilung durch Überwindung ihres spezifisch amerikanischen Ursprungs und Charakters sowie durch deren Verschmelzung mit der »Ummah«, der Weltgemeinschaft der Muslime, führen wird.

Es gehört zu den tragischen Kapiteln der amerikanischen Religions- und Gesellschaftsgeschichte, dass der Islam nicht weniger als das Christentum zu den Gründungsreligionen der Vereinigten Staaten von Amerika gehört, dass diese muslimische Traditionslinie aber abgerissen ist und ihre Ursprünge heute nur noch in verstreuten Spuren in einigen Südstaaten wie Alabama oder Georgia zu erkennen sind. Die Schätzungen, wie hoch der Anteil der Muslime unter den elf bis zwölf Millionen Schwarzen aus Afrika war, die als Sklaven gewaltsam auf den amerikanischen Kontinent gebracht wurden, reichen von zehn bis zwanzig Prozent. Selbst wenn man in Betracht zieht, dass der Großteil der Sklaven auf die Südhälfte des Kontinents – gut ein Drittel alleine nach Brasilien – verschleppt wurde und bis zur Abschaffung der Sklaverei in den USA im Jahre 1865 nur rund 650000 Sklaven in das Gebiet der heutigen Vereinigten Staaten gelangten, müssen unter den ersten Schwarzen in Nordamerika mehrere Zehntausend Muslime gewesen sein. In zeitgenössischen Zeitungsberichten aus den damaligen Südstaaten, wo der Anteil der versklavten Bevölkerung bis 1860 auf vier Millionen anwachsen sollte, finden sich in Mitteilungen über entlaufene Sklaven häufig auf Englisch verballhornte Formen muslimischer Namen. Ein geflüchteter Sklave namens Bullaly hieß ursprünglich Bilali – wie der erste schwarze Konvertit zum Islam, den der Prophet Mohammed in Medina zudem zum ersten Muezzin ernannte. Hinter dem amerikanisierten Sklavennamen Boccarey verbirgt sich der muslimische Name Bakr – nach Abu Bakr, dem ersten muslimischen Kalifen nach dem Tod des Propheten. Aus Mahmud wurde Mamado, Mohammed wurde zu Mahomet und der arabisch-muslimische Name Wali wurde als Walley geschrieben. In dem 1837 erschienenen Lebensbericht des Sklaven Charles Ball ist von soeben aus Afrika in South Carolina eingetroffenen Sklaven die Rede, von welchen viele »an mehrere Götter glaubten, einige waren gut und andere waren schlecht, und sie beteten zu den Letzteren ebenso viel wie zu den Ersteren«. Besonders aber erinnert sich Ball »an einen auf der Plantage, der jeden Tag fünf Mal betete und dabei sein Gesicht stets nach Osten wandte«. Vor allem bei Sonnenuntergang, schreibt Ball weiter, hielt der erst kurz zuvor aus Afrika eingetroffene Sklave Tag um Tag inne und »betete laut in einer Sprache, die ich nicht verstand« – es war das muslimische Abendgebet auf Arabisch. In anderen zeitgenössischen Mitteilungen werden schwarze Sklavinnen mit bedecktem Haupthaar und Männer mit Gebetskettchen erwähnt, die gleichermaßen kein Schweinefleisch aßen.

Doch der islamische Glaube der ersten Muslime in der Neuen Welt konnte keine Wurzeln schlagen. Die meist männlichen Sklaven konnten keine Frauen muslimischen Glaubens zum Heiraten finden, keine muslimisch verankerten Familien gründen, es gab den Koran nicht zu lesen, schon gar nicht in der heiligen Sprache Arabisch. Umgeben von einer christlich geprägten Lebenswelt und Kultur, konfrontiert mit den Missionaren eines Glaubens, der ebenso wie der ihre die Propheten Moses und Jesus – freilich nicht Mohammed, den Letzten, das »Siegel« in der Botenreihe des Allmächtigen – anerkannte und anbetete, ging die christliche Bekehrung der ersten amerikanischen Muslime rasch vonstatten. Das Gleiche widerfuhr den viel zahlreicheren Anhängern animistischer Religionen. Um 1830 war die Christianisierung der schwarzen Sklavenbevölkerung fast vollständig abgeschlossen. Weil zudem der Nachschub an Sklaven muslimischen oder animistischen Glaubens aus Afrika immer weniger wurde und nach der Abschaffung der Sklaverei im Jahre 1865 vollends versiegte, entwickelte sich die bis heute prägende Konfessionslandschaft, wonach schwarze Amerikaner in aller Regel protestantische Christen sind.

Gegen diese von manchen als Zwangsbekehrung empfundene umfassende Christianisierung der Schwarzen Amerikas entwickelten sich im frühen 20. Jahrhundert verschiedene fragmentierte Bewegungen, die schwarze Identität der afrikanischen Herkunft zu restaurieren. Dabei spielte der verschüttete muslimische Glaube einer Minderheit der verschleppten Sklaven zwar eine gewisse Rolle, jedoch eher als Projektionsfläche für eine neu konstruierte schwarze Identität denn als lebendige Wurzel für eine authentische Anknüpfung. Es ist kein Zufall, dass diese Bewegungen in den Nordstaaten der USA entstanden. Dorthin migrierten nach dem Ende des Ersten Weltkrieges Millionen Schwarze aus den ehemaligen Sklavenhalterstaaten des Südens, um Lohn und Brot in den Stahl- und Automobilwerken, den Fabriken und Schlachthäusern der boomenden Industriemetropolen Chicago (Illinois), Detroit (Michigan), Pittsburgh (Pennsylvania) oder auch New York zu finden. In den Städten des Nordens aber waren die Innenmigranten abgeschnitten von ihren südlichen Wurzeln, zumal von den allgegenwärtigen schwarzen Baptisten- oder Methodisten-Kirchen des Südens. Bei der Suche nach einer neuen Identität boten sich den abermals Entwurzelten allerlei Prediger und Propheten an, unter ihnen auch angeblich muslimische.

Einer der Ersten war Timothy Drew, ein 1886 in North Carolina geborener Nachfahre ehemaliger Sklaven, der sich nach seiner Konversion zum Islam Noble Drew Ali nannte. Noble Drew Ali beanspruchte, ein Prophet Allahs zu sein, pflegte einen Fes zu tragen und sich in Umhänge zu hüllen. Er lehrte, dass die Schwarzen Amerikas ursprünglich und bis heute »Mohren« aus dem Norden Afrikas und aus Asien seien, dass sie ihre Identität als Sklaven und mithin auch ihre Sklavennamen ablegen müssten. 1913 gründete er den »Moorish Science Temple of America« in Newark (New Jersey), eine bis heute als obskure Splittergruppe fortbestehende winzige Glaubensgemeinschaft. Als deren heilige Schrift verfasste Noble Drew Ali gar einen »Heiligen Koran des Tempels der Wissenschaft der Mohren in Amerika« (The Holy Koran of the Moorish Science Temple of America), eine synkretistische, zu guten Teilen plagiierende Schrift aus Elementen des Islam, des Christentums und der Freimaurerei. 1929 starb Noble Drew Ali in Chicago unter mysteriösen Umständen, nachdem er zuvor wegen eines Mordfalls im »Mohren-Tempel« dortselbst von der Polizei verhört und wohl auch geschlagen worden war.

Aus dem Umkreis von Noble Drew Alis Tempel löste sich nach dessen Tod auch der enigmatische Gründer und erste Führer der »Nation of Islam«, Wallace D. Fard. Nach Erkenntnissen der amerikanischen Bundespolizei FBI, die eine Akte über einen Kleinkriminellen namens Wallace Dodd führte, der mit Wallace D. Fard identisch sein soll, wurde dieser am 26. Februar 1891 in Neuseeland geboren, ehe er um 1910 in die USA kam. Nach der offiziellen Geschichtsschreibung der »Nation of Islam« hat Wallace D. Fard jedoch nichts mit Wallace Dodd zu tun, er soll vielmehr am 26. Februar 1877 in der heiligen Stadt Mekka in Saudi-Arabien geboren worden sein. Zudem sei er ein Abkömmling des von Gott erwählten menschlichen Ursprungsstamms der Shabazz, eines kunstfertigen und gebildeten Volkes von Schwarzen, aus dem sich das gesamte Menschengeschlecht entwickelt haben soll. 1930 rief Fard in Detroit im Bundesstaat Michigan die »Nation of Islam« ins

Leben – und die paramilitärische Truppe »Fruit of Islam« sowie die Schule »University of Islam« gleich dazu. 1934 machte sich Fard von Detroit, wo er von der Polizei wegen Aufruhrs mit einem Bann belegt worden war, nach Chicago auf – und verschwand spurlos.

Bis heute ist sein Verschwinden ein Mysterium, vom Ritualmord bis zum tödlichen Kampf mit seinem späteren Nachfolger um die Macht in der »Nation of Islam« reichen die Erklärungen. Jedenfalls übernahm einer der ersten Schüler Fards, der 1897 in Georgia geborene Elijah Poole, der nach der Konversion zum Islam seinen Nachnamen in Muhammad geändert hatte, die Führung der »Nation of Islam«. Der bald als Prophet verehrte Elijah Muhammad sollte diese Führung mehr als vierzig Jahre lang behalten und während dieser Zeit mit zahlreichen Büchern und Schriften das synkretistische Glaubensdogma der »Nation of Islam« erweitern und prägen. Über den Gründervater der »Nation of Islam«, den er bald nach dessen Verschwinden »Master Fard Muhammad« nannte und zur menschlichen Inkarnation von Allah selbst deklarierte, schrieb Elijah später in seinem Buch »Message to the Blackman in America« (Botschaft an den Schwarzen in Amerika): »Allah ist 1930 aus der Stadt Mekka in Arabien zu uns gekommen. Er bediente sich des Namens Wallace D. Fard. Im dritten Jahr (1933) änderte er seinen Namen in Wallace Fard Muhammad.« Im gleichen Atemzug mit der Deifikation seines Vorgängers beförderte sich Elijah Muhammad selbst zum Propheten – auf gleicher Augenhöhe mit dem historischen Religionsgründer Mohammed.

Diese und weitere theologische und kosmologische Grundüberzeugungen der »Nation of Islam« stehen selbstredend im krassen Widerspruch zum orthodoxen muslimischen Glauben. Nicht anders als sich die weißen Mormonen im frühen 19. Jahrhundert das Christentum mit ihrem amerikanischen Propheten Joseph Smith gleichsam angeeignet haben, so haben die schwarzen Muslime des frühen 20. Jahrhunderts mit Propheten wie Noble Drew Ali oder Wallace Fard Muhammad und Elijah Muhammad den Islam amerikanisiert. Aus der Sicht traditioneller Christen und Muslime sind dabei Häresien entstanden, die mit dem orthodoxen Glauben nichts zu tun haben. Tatsächlich muss es ein rechtgläubiger Muslim als Gotteslästerung betrachten, wenn ein spurlos verschwundener Sterblicher als Gott selbst verehrt wird und ein Zeitgenosse sich kurzerhand zum Propheten Allahs erklärt. Denn die »Shahada«, das muslimische Glaubensbekenntnis, legt bekanntlich fest, »dass es keinen Gott außer Gott gibt, und Mohammed ist sein Prophet«. Die Kosmologie, die Elijah Muhammad der frisch gegründeten »Nation of Islam« verordnete, ist nicht weniger abenteuerlich als deren Theologie: Entstanden ist die Erde danach »vor 66 Billionen Jahren, als eine große Explosion auf unserem Planeten diesen in zwei Teile trennte – den einen nennen wir Erde und den anderen Mond«. Zur gleichen Zeit kam der sagenhafte Stamm der Shabazz in die Welt, der im reichen Nildelta in Ägypten und in der Gegend des heutigen Mekka in Saudi-Arabien lebte. Deren Nachfahren sind die Schwarzen, denn »Allah (Gott) hat entschieden, uns mit einer tiefen Kenntnis unserer selbst und seiner Führung an die Spitze zu setzen«. Deshalb sind die Schwarzen »die Mächtigen, die Weisen, die Besten, aber wir wissen es nicht«, während »die weiße Rasse geschaffen wurde, um 6000 Jahre lang der Feind der schwarzen Menschheit zu sein«, schreibt Elija Muhammad. Der Islam aber werde »den schwarzen Mann Amerikas wieder an die Spitze der Zivilisation setzen«, vorausgesetzt die Schwarzen wenden sich vom Christentum ab, das »von der weißen Rasse kommt«. Solange die Schwarzen aber »in die Kirche gehen und sich vor Statuen im Namen von Jesus und Maria verbeugen«, die doch »nur Bilder der weißen Rasse, der Erzbetrüger« seien, werde das Kommen der »Neuen Welt« nicht beschleunigt.

Elijah Muhammad ordnete ausdrücklich an, dass die Schwarzen die Namen und die (christliche) Religion, die ihnen von der weißen Rasse der Sklavenhalter oktroyiert worden seien, aufzugeben hätten. Deshalb wählte er selbst den Nachnamen »Muhammad« – und mehrere Hunderttausend frisch zur »Nation of Islam« Bekehrte folgten seinem Beispiel. Der 1925 geborene und 1965 ermordete charismatische Führer der Schwarzenbewegung Malcolm Little wählte den Familiennamen »X« als vorübergehenden oder ständigen Statthalter für einen noch nicht ausgewählten oder noch nicht offenbarten Nachnamen im Einklang mit den Doktrinen der »Nation of Islam«.

Das Impressum der Wochenzeitung *The Final Call*, die seit 1979 von der »Nation of Islam« herausgegeben wird, verzeichnet 21 leitende Mitarbeiter; von ihnen tragen 16 den Familiennamen »Muhammad«, drei heißen »X«, einer trägt den Familiennamen »6 X«, eine Redakteurin heißt »Shabazz«. Farrakhan selbst, der 1933 als Kind von Einwanderern aus der Karibik im New Yorker Stadtteil Bronx geboren wurde und den Namen Louis Eugene Walcott trug, verdankt seinen neuen Nachnamen übrigens dem Propheten Elijah Muhammad selbst. Der wählte für seinen strebsamen Schüler den Familiennamen »Farrakhan« aus, ohne diesem zu eröffnen, was es damit für eine Bewandtnis und welche Bedeutung der Name habe. Zum schwarzen Rassismus in der wesentlich von Elijah Muhammad geschaffenen Doktrin der »Nation of Islam« kamen Segregationismus und Separatismus. »Deine schwarze Hautfarbe ist die beste, versuche niemals, ihre Farbe zu ändern«, schrieb Muhammad, und er verordnete überdies: »Halte dich fern vor der Vermischung mit den Kindern deines Sklavenmeisters. Liebe dich selbst und deinesgleichen.«

Die »Trennung der sogenannten Neger von den Kindern ihrer einstigen Sklavenmeister ist ein Muss«, heißt es in Muhammads Programmschrift »Botschaft an den Schwarzen in Amerika«. Denn die Angehörigen der »weißen Rasse sind die Erzbetrüger, sie sind leibhaftige Teufel in Person«, und das Christentum ist die »von den Teufeln errichtete und erhaltene Religion zum Zweck der Versklavung der schwarzen Menschheit«.

Die zu ihrer muslimischen Ursprungsreligion zurückgekehrten Schwarzen müssten zudem eigenes Land erhalten, denn »ein Volk kann ohne Land nicht frei leben«. Anders als der jamaikanische Nationalheld und Gründervater des Panafrikanismus, Marcus Garvey (1887 bis 1940), der eine kollektive Rückkehr aller Schwarzen nach Afrika zur Wiedererlangung ihres Mutterkontinents nahelegte, forderte die »Nation of Islam« das Land zu ihrer selbsternannten Nation an Ort und Stelle: in Amerika. Letztlich gehöre »den Menschen dunkler Hautfarbe die ganze westliche Hemisphäre«, also Nord- und Südamerika, während »Europa den Weißen gegeben wurde«, schreibt Elijah Muhammad. Solange es nicht zur großen Kontinentaltrennung der Rassen komme, stehe Amerika, ja der Welt ein furchtbares Armageddon bevor, wie es ihm Master Fard Muhammad offenbart habe: »Er beschrieb die Zerstörung der Welt mit Bomben, Giftgas und schließlich mit einem Feuer, das alles in der gegenwärtigen Welt verzehren und zerstören werde.

Nichts von der gegenwärtigen Welt der weißen Menschheit würde bestehen bleiben.« Diese Auslöschung werde von einem kreisrund gebauten, »zerstörerischen, furchterregenden Fluggerät« – es handelt sich um nichts anderes als um das »Mutterschiff« – über die Welt gebracht.

Die Botschaft von der »lost-found nation«, von der vor Zeiten verlorenen und jetzt dank Master Fard Muhammad und Elijah Muhammad wiedergefundenen schwarzen Elite-Nation sowie der Aufruf zum gottgefälligen Lebenswandel ohne Alkohol und Drogen, zum Lernen und Arbeiten unter seinesgleichen, zum Schutz der schwarzen Frauen vor den Nachstellungen der weißen Männer fand breiten Widerhall unter den entwurzelten schwarzen Einwanderern aus den Südstaaten in der atomisierten Welt der Industriemetropolen des Nordens. Die Bewegung erfreute sich beträchtlichen Zulaufs, vor allem auch unter der schwarzen Gefängnispopulation.

Auch Malcolm X, der 1946 wegen Diebstahls, Einbruchs und schweren Betrugs zu acht bis zehn Jahren Haft verurteilt worden war, fand im Gefängnis zur »Nation of Islam«. Nach seiner vorzeitigen Entlassung im August 1952 besuchte er Elijah Muhammad, der in ihm sogleich den ergebenen Jünger, feurigen Prediger und rastlosen Organisator erkannte. Neben Elijah Muhammads siebtem Sohn Wallace Deen Muhammad und Louis Farrakhan gehörte Malcolm X zu einer Art Jünger-Triumvirat, das in den fünfziger und sechziger Jahren das Wachstum der »Nation of Islam« vorantrieb. Während ihrer erfolgreichsten Zeit Anfang der sechziger Jahre unterhielt die »Nation of Islam« 75 Tempel – sie nannte ihre nach dem Zeitpunkt ihrer Eröffnung sowie nach deren Bedeutung numerierten Gotteshäuser bezeichnenderweise nicht Moscheen, sondern Tempel – und hatte nach eigenen Angaben bis zu einer Million Mitglieder oder jedenfalls Anhänger. Der frischgebackene Boxschwergewichtsweltmeister Cassius Clay, der am 25. Februar 1964 den bis dahin als unschlagbar geltenden Sonny Liston ausgeknockt hatte, gab nicht zufällig tags darauf, am »Saviour's Day«, seine Zugehörigkeit zur »Nation of Islam« bekannt. Elijah Muhammad wählte für das bekannteste Mitglied der »Nation of Islam«, der sich vorübergehend Cassius X nannte, den Namen Muhammad Ali aus. Alis weitere Karriere wurde viele Jahre lang von Managern der »Nation of Islam« vorangetrieben.

Vieles spricht dafür, dass der langsame, aber stetige Niedergang der »Nation of Islam« mit dem Mord an Malcolm X am 21. Februar 1965 bei einer Rede in New York begann. Drei Mitglieder der »Nation of Islam« wurden später wegen des Mordes im Audubon Ballroom in Manhattan verurteilt. Malcolm X hatte keine Chance, er wurde von 16 Kugeln getroffen. Während das schwarze Amerika trauerte und selbst Martin Luther King jr. seine »tiefe Zuneigung zu Malcolm« äußerte, war von Elijah Muhammad am »Saviour's Day« 1965, fünf Tage nach dem Mord, Folgendes zu hören: »Malcolm X hat bekommen, was er selbst gepredigt hat.«

Schon eine Woche vor dem Mord hatte es einen Brandanschlag auf das Haus von Malcolm X und dessen Familie im New Yorker Stadtteil Queens gegeben, bei dem er selbst, seine Frau Betty und die damals vier Töchter jedoch unverletzt blieben; zwei weitere Zwillingstöchter der Familie wurden nach dem Tod Malcolms geboren.

Der wirkliche Grund für den Mord an Malcolm X dürfte dessen Trennung von der »Nation of Islam« im Jahr zuvor gewesen sein. Zum Ersten hatte Malcolm X zunehmend daran Anstoß genommen, dass sich Elijah Muhammad junge Sekretärinnen und andere Frauen seiner Umgebung zu Gespielinnen beziehungsweise zu Nebenfrauen genommen und mit ihnen einige seiner insgesamt 21 Kinder gezeugt hatte. Als Malcolm X sein Missbehagen über diesen Verstoß gegen das von der »Nation of Islam« selbst festgelegte Verbot des Ehebruchs zum Ausdruck brachte, wurde er bald darauf von Elijah Muhammad exkommuniziert. Vollends irreparabel wurde der Bruch nach Malcolm X' Pilgerreise nach Mekka zum Hadsch im Frühjahr 1964 – Elijah Muhammad kam der Muslimpflicht zur Pilgerreise nach Mekka übrigens niemals nach, ebenso wenig wie Wallace Fard Muhammad.

In seinem berühmten Brief aus Jedda in Saudi-Arabien vom 10. April 1964 beschreibt Malcolm X die daseinsverändernde Erfahrung, mit »Zehntausenden Pilgern aus aller Welt« sieben Mal die Kaaba zu umrunden: »Sie waren von jeder Hautfarbe, von blauäugigen Blonden bis zu schwarzen Afrikanern, und alle nahmen am gleichen Ritual teil. Sie zeigten einen Geist der Einheit und Brüderlichkeit, von dem ich angesichts meiner Erfahrungen in Amerika nie geglaubt hätte, dass er zwischen Weißen und Nichtweißen möglich sein könnte.« Der wirkliche Islam aber, fährt Malcolm X fort, »überwindet den Rassismus, weil Menschen jeder Hautfarbe und Rasse, die dessen religiöse Prinzipien anerkennen und sich vor dem einen Gott, Allah, verbeugen, sich automatisch und ungeachtet der äußeren Erscheinung gegenseitig als Brüder und Schwester anerkennen«.

Nach seiner Rückkehr aus Mekka verbreitete Malcolm X, der sich fortan Hadschi Malik al Shabazz nannte, eine Botschaft der Toleranz und der Versöhnung, die der rassistisch-separatistischen Weltsicht seines Mentors Elijah

Muhammad diametral entgegengesetzt war: »Ja, in der Vergangenheit habe ich alle Weißen pauschal angeklagt. Dessen werde ich mich nie wieder schuldig machen – denn ich weiß jetzt, dass es wahrhaft aufrechte Weiße gibt, die den Schwarzen gegenüber wahrhaft brüderlich empfinden können. Der wahre Islam hat mir gezeigt, dass eine pauschale Anklage aller Weißen ebenso falsch ist, wie wenn Weiße pauschal Anklage gegen Schwarze erheben.«

Nach dem Tod Elijah Muhammads am 25. Februar 1975 schien die »Nation of Islam« am Ende. Muhammads Sohn Wallace Deen Muhammad, der sich nicht zuletzt dank seiner Arabischkenntnisse dem traditionellen sunnitischen Islam angenähert und die rassistischen Theoreme seines Vater zurückgewiesen hatte, löste die »Nation« samt dem paramilitärischen FOI auf. Er änderte seinen eigenen Namen in Warith Deen Mohammed, der von seinem Vater geschaffenen und hinterlassenen Organisation und Glaubensgemeinschaft gab er mehrfach hintereinander neue Namen. 1985 entschied er schließlich, dass die schwarzen Muslime Amerikas keine eigene Organisation mehr bräuchten, weil sie in der »Ummah«, der Weltgemeinschaft der Muslime, aufgehoben seien.

Dem widersprach freilich Louis Farrakhan, der von 1978 an die »Nation of Islam« unter seiner Führung erneuerte – das FOI sowie einige Firmen des einst beträchtlichen Wirtschaftsimperiums der Glaubensgemeinschaft eingeschlossen. Auch die nach dem Tod Elijah Muhammads eingestellte Wochenzeitung *Muhammad Speaks*, von welcher in den Jahren des Booms der »Nation of Islam« jede Woche Hunderttausende Exemplare verkauft wurden, erlebte unter dem neuen Namen *The Final Call* eine Wiederbelebung in bescheidenem Umfang. Den 1972 noch unter Elijah Muhammad erworbenen Tempel Nummer zwei an der Stony Island Avenue in Chicago benannte Farrakhan nach dem (muslimischen) Namen Marias, der Mutter Jesu, in »Moschee Mariam« um. Die Moschee Mariam mit dem mächtigen goldenen Halbmond samt dem fünfzackigen Stern ist bis heute das Hauptquartier der von Farrakhan geführten »Nation of Islam«.

Den endgültigen theologischen und kosmologischen Bruch mit Elijah Muhammad hat Farrakhan bis heute nicht vollzogen – so wie bis heute die Moscheen beziehungsweise Tempel der »Nation of Islam« wie die Kirchen der Christen mit Bänken bestuhlt statt wie traditionelle sunnitische Moscheen mit Teppichen ausgelegt sind. Zudem wird der Gottesdienst am Sonntag gefeiert, dem christlichen Feiertag der Woche – und nicht am Freitag, dem muslimischen Wochenfeiertag. Dennoch hat Farrakhan die »Nation of Islam« während der drei Jahrzehnte seiner Führung behutsam der sunnitischen Hauptströmung der muslimischen Weltgemeinschaft angenähert. 1995 kam es zur öffentlichen Aussöhnung zwischen Farrakhan und Betty Shabazz, der Witwe von Malcolm X beziehungsweise Hadschi Malik al Shabazz, die Farrakhan lange verdächtigt hatte (und womöglich bis heute verdächtigt), in den faktischen Fememord an ihrem Mann verwickelt gewesen zu sein. Im Jahre 2000 reichten sich zudem Warith Deen Mohammed und Louis Farrakhan öffentlich die Hand zur Versöhnung. In seinen Predigten bezieht sich Farrakhan seit vielen Jahren emphatisch nicht nur auf Mohammed, sondern auch auf andere Propheten der abrahamischen Religionen, zumal auf Moses und auf Jesus. Vom Hass der früheren Jahre auf das Christentum als der Religion der weißen Teufelsrasse ist nichts mehr zu spüren.

Doch Farrakhan gebietet heute nur noch über eine schrumpfende »Nation of Islam«, deren Mitgliederzahl auf 30 000 bis 70 000 geschätzt wird – nur ein Bruchteil der geschätzten 2,5 Millionen schwarzer Muslime in den USA. Wie Warith Deen Mohammed haben die meisten anderen bedeutenden Figuren der »Nation of Islam« wie der Boxer Muhammad Ali oder auch der 1963 geborene Keith Ellison, der im November 2006 als erster Muslim in den amerikanischen Kongress gewählt wurde, den Weg zum traditionellen sunnitischen Islam und mithin zur »Ummah« gefunden.

Auf diesem Weg, zögerlich und zaudernd, befindet sich offenbar auch Farrakhan selbst – trotz mancher weithin als antisemitisch kritisierter Äußerungen über das Judentum sowie nicht weniger kontroverser Einlassungen etwa über den Hurrikan »Katrina« und die Überschwemmung von New Orleans im August 2005, für die er faktisch »die Regierung« verantwortlich machte: Die habe nämlich die Deiche sprengen lassen.

Seit Jahr und Tag ist die »Nation of Islam« eine fast geheimbündlerisch organisierte Gemeinschaft, über deren Einkünfte und Finanzgebaren, Mitgliederentwicklung und Führungsstruktur wenig nach außen dringt. Seit Jahr und Tag auch hat Farrakhan als Führungsgestalt der »African Americans« wesentlich mehr politisches Gewicht und gesellschaftlichen Einfluss, als allein seine Position an der Spitze einer winzigen und zudem offenbar schrumpfenden Glaubensgemeinschaft nahelegen würde. Der maßgeblich von Farrakhan organisierte »Million Man March« vom Oktober 1995, bei dem sich bis zu 900 000 schwarze Männer zum Protest gegen die fortgesetzte Benachteiligung der Schwarzen sowie auch gegen die grassierende Gewalt innerhalb der Gemeinschaft der »African Americans« auf der

»National Mall« in Washington versammelten, war das bis heute wohl sichtbarste Zeichen des beträchtlichen Einflusses des »Ehrenwerten Geistlichen« Louis Farrakhan.

Dieser Einfluss reicht jedenfalls weit über die engen Grenzen der »Nation of Islam« oder gar der Zuhörerschaft beim »Saviour's Day« hinaus. Farrakhan, der seine Laufbahn einst als Calypso-Sänger und Geiger begann, ehe er auf Geheiß von Elijah Muhammad die Musik aufgab und zum prophetischen Führer der »Nation of Islam« aufstieg, hat stets die Geschichte im Blick: die irdische wie die überirdische, die politische wie die eschatologische. Der »phänomenale Aufstieg eines farbigen Mannes in einem Land, das uns wegen unserer Hautfarbe verfolgt hat«, ist nicht anders als durch den Umstand zu erklären, dass die »Götter im Krieg sind«, ruft Farrakhan seinen Zuhörern vom »Saviour's Day« 2008 zu, die nach gut zwei Stunden Redezeit allmählich Ermüdungserscheinungen zeigen. »Heute erleben wir extreme Wetterkatastrophen in den Vereinigten Staaten – von Fluten über Dürren bis zu Hungersnöten. Das sind nicht mehr nur biblische Prophezeiungen«, ruft Farrakhan, und es ist, als ergreife ein Schaudern die Zuhörer. Doch die Litanei der apokalyptischen Zeichen ist noch lange nicht zu Ende: Schießereien in Universitäten und Kirchen; Mütter, die ihre Säuglinge in die Mikrowelle stellen; Zehnjährige mit Schlaganfällen, Diabetes, tödlichem Übergewicht und Herzerkrankungen; neue unheilbare Krankheiten, Viren und Seuchen; und dazu mehr und mehr Berichte, dass Menschen Ufos sehen.

Keine Frage: »Wir müssen dem Ende sehr nahe sein!« Und weiter warnt der Prediger: »Und ihr alle lebt mitten in dieser Zeit. Ihr feiert, aber ihr wisst nicht, was vor sich geht. Ihr lebt von einem Tag zum anderen, aber eure Welt kann schon einen Wimpernschlag später zusammenbrechen!« Doch wo Gefahr ist, wächst bekanntlich das Rettende auch – und es kommt in der Gestalt Barack Obamas. »Dieser Mann ist die Hoffnung der ganzen Welt, dass Amerika sich ändern und sich bessern werde, weil ein besserer Mann Amerika führen könnte«, verkündet Farrakhan, dessen Predigt über den Krieg der Götter nun unverkennbar ihre Klimax erreicht. So wie Master Wallace Fard Muhammad einen schwarzen Vater und eine weiße Mutter hatte, um als Messias und Mahdi beiden Völkern Gerechtigkeit widerfahren zu lassen, so habe Barack Obama einen schwarzen Vater und eine weiße Mutter. Ein letztes Mal hebt Farrakhan die Stimme, jetzt ist es ein Rufen in die Weite der Halle: »Meine Brüder und Schwestern, für mich ist Barack Obama der Bote des Messias. Er ist der Trompetenstoß, der euch etwas Neues ankündigt: Etwas Besseres hat sich auf den Weg gemacht.« Ein letztes Mal greift Farrakhan zum Taschentuch, wischt sich den Schweiß von der Stirn und schließt: »Danke! As-Salaam Alaikum!« Aus dem Saal wird der Gruß erwidert: »Alaikum Salaam!«, erschallt es im Chor, und dann, während sich schwarze Fäuste in den Hallenhimmel recken, noch drei Mal »Allahu akhbar!«

Welcome home?

Dearborn, die arabische Hauptstadt der USA

Alle Tische sind besetzt im Restaurant »Al Akashi« an der West Warren Avenue 16956 in Dearborn nahe Detroit. Es ist kurz vor sechs Uhr abends, Zeit zum Abendessen nach dem Arbeitstag. Jeder der Männer, die über Kebab mit Safran-Reis sitzen und die unscharfen Bilder des irakischen Fernsehens auf dem Bildschirm über der Speisenausgabe verfolgen, hat einen schwarzen Schnurrbart. Man hört kein Wort Englisch. Kundschaft, Köche und Bedienung sprechen Arabisch.

Das Geschäft geht gut, und ein gutes Geschäft braucht Nabil Hajas, denn er hat im Januar 2007 Extraausgaben von mehr als tausend Dollar gehabt. So viel hat es gekostet, die drei großen Fensterscheiben und die Eingangstür aus Glas reparieren zu lassen, die vor ein paar Tagen eingeworfen wurden. Nebenan, bei »Dana Media«, einem Laden für Filme und Musik aus der arabischen Welt, zumal aus dem Irak, wo zudem der Verkauf und die Installation von Satellitenschüsseln angeboten wird, ist das Gleiche geschehen: Die Scheiben der Fenster und der Eingangstüre wurden zerstört. Inaam al Khafadschi, die Eigentümerin von »Dana Media«, hat vorerst Sperrholzplatten anbringen lassen, die Fenster und die Glastür sollen später ersetzt werden. Der benachbarte Friseurladen »Level 9«, der ausschließlich von

Schwarzen frequentiert wird und seinen Namen dem Einheitspreis von neun Dollar für fast alle Schnitte verdankt, hat nichts abbekommen. Auch die vielen Klubs an der parallel zur Warren Avenue verlaufenden Michigan Avenue, in denen »Unterhaltung für Gentlemen« angeboten wird, sind unversehrt geblieben.

Der Vandalismus, von dem in Dearborn noch eine Handvoll weitere Restaurants und Geschäfte betroffen waren, hat viele Einwohner der Vorstadt westlich vor den Toren Detroits schockiert. Es ist auch von Drohanrufen die Rede, in denen es geheißen habe, beim nächsten Mal werde es nicht bei Sachschäden bleiben. Für Nabil Hajas vom Restaurant »Al Akashi« ist klar, wer hinter den Anschlägen steckt, auch wenn die Ermittlungen der Polizei noch zu keinem Ergebnis geführt haben. Nabil Hajas ist aus Nadschaf, der heiligen Stadt der Schiiten im Mittelirak, und er lebt seit mehr als zehn Jahren in Dearborn. Wenn die Rede auf den heiligen Schrein des Imam Ali und auf den riesigen Friedhof von Nadschaf kommt, auf dem er wie jeder Schiit dermaleinst begraben werden will, um dem verehrten Imam im Falle von dessen Wiederkunft näher zu sein, dann leuchten seine Augen. Natürlich ist Nabil Hajas Schiit, und natürlich weiß er, wer seine Fenster- und Türscheiben eingeworfen hat: »Das waren die Sunniten!«

Dearborn ist den meisten Amerikanern als die Stadt vertraut, die Henry Ford gebaut hat. Hier, auf der grünen Wiese, entstand vor neunzig Jahren der »River Rouge Complex«, in dem das »T-Modell« hergestellt wurde und wo man den damals unerhörten Tageslohn von fünf Dollar verdienen konnte. Hier läuft heute noch der amerikanischste aller Trucks, der Ford F-150, vom Band. Hier befindet sich nach wie vor das Welthauptquartier der Ford Motor Com-

pany, die 2007 erstmals nach 56 Jahren den Rang des zweit-
größten Automobilherstellers der Welt verlor und auf den
dritten Platz abrutschte, weil Toyota aus Japan zunächst an
Ford und später auch am ewigen Marktführer General Mo-
tors (GM) vorbeizog. Hier, im Henry Ford Museum, kann
man in rührend hergerichteten Ausstellungsräumen die Verwandlung Amerikas von einer Farmer- in eine Industrie-
und dann in eine Dienstleistungsgesellschaft betrachten.

Dearborn hat heute knapp 100 000 Einwohner, und etwa
ein Drittel von ihnen sind Araber. 1960, als die asiatische
und die europäische Konkurrenz auf dem amerikanischen
Automarkt noch kaum zu beeindrucken wusste, waren es
noch gut 110 000 Einwohner. Die meisten Leute in Dearborn lebten damals direkt oder indirekt von Ford; weniger
als zehn Prozent der Einwohner waren Araber. Dearborn
erlebte von den fünfziger bis zu den achtziger Jahren des
20. Jahrhunderts das gleiche Schicksal wie die benachbarte
Metropole Detroit, wo neben Ford und GM auch Chrys-
ler – der Kleinste unter den »Big Three« der amerikanischen
Autoindustrie – seinen Sitz hat: einen stetigen, in manchen
Jahren gar dramatischen Einbruch bei der Arbeitsmarkt-
und Bevölkerungsentwicklung.

In Detroit leben heute knapp 900 000 Menschen, das sind
weniger als im Jahr 1920. Und im Vergleich zur historisch
höchsten Einwohnerzahl der Stadt Mitte der fünfziger
Jahre, als sich fast 1,9 Millionen Menschen im Stadtgebiet
der boomenden Motor City drängten, ist die Bevölkerungs-
zahl um mehr als eine Million zurückgegangen. Damals verzeichnete Detroit das höchste Durchschnittseinkommen
und den höchsten Anteil an Eigenheimbesitzern aller amerikanischen Großstädte. Heute sind einst pulsierende inner-
städtische Wohnviertel, in denen europäische Einwanderer

aus Irland, Polen, Italien oder auch Deutschland den amerikanischen Traum lebten, fast menschenleere Geisterstädte, wo Ladenfronten und Fenster mit Sperrholzplatten vernagelt sind. Der Bundesstaat Michigan, geprägt vom Handwerk und von der Industrie des 20. Jahrhunderts, verliert heute nach wie vor Einwohner. In keiner anderen amerikanischen Großstadt sind in den vergangenen Jahren so viele Jobs verschwunden wie in Detroit; und der Schrumpfungsprozess scheint noch lange nicht zu Ende zu sein.

Anders in Dearborn. Die wahlweise als arabische oder muslimische Hauptstadt der Vereinigten Staaten bezeichnete Vorstadt von Detroit wächst seit etwa 1990 kräftig, und es sind vor allem Araber und Muslime, die es hierherzieht. Die ersten Araber, in der Mehrzahl Libanesen und Jemeniten, kamen schon zwischen 1880 und 1920 nach Amerika. Viele fanden Lohn und Brot in den Ford-Werken, und viele von ihnen, vor allem Jemeniten, wohnen bis heute in den Reihenhaussiedlungen im Schatten der River-Rouge-Werke. Die Libanesen und auch die Iraker sind die Stützen des von Handwerkern, Händlern und Restaurantbetreibern geprägten Wirtschaftswachstums von Dearborn, das sich exemplarisch am lebendigen Treiben an der Warren und der Michigan Avenue ablesen lässt. Überall gibt es arabische Aufschriften, hier ist eine irakische Bäckerei, dort ein libanesischer Gemüseladen. Eine Klinik für Laser und kosmetische Chirurgie des aus Syrien stammenden Ärzteehepaares Haitham und Fatima Masrihat hat in einem ausladenden, frisch renovierten Geschäftsgebäude an der Michigan Avenue, Ecke Schaefer Road eine neue, abermals vergrößerte Heimstatt gefunden. Die meisten Ärztinnen, Schwestern und auch Patientinnen in den edlen Praxisräumen tragen ein Kopftuch; es gibt aber auch ganz im westlichen Stil gekleidete Frauen, die für ein Lifting oder eine Botox-Auffrischungsinjektion gekommen sind.

Immer neue Wellen von Einwanderern aus der arabischen und muslimischen Welt zog es im Lauf der Jahrzehnte nach Dearborn. Heute gibt es hier elf Moscheen – unter ihnen das im März 2005 eröffnete schiitische »Islamic Center of America« an der Ford Road, die größte Moschee Nordamerikas; der leitende Imam der schiitischen Moschee ist der aus Kerbela im Irak stammenden Sayid Hassan Al-Qazwini. Im Mai 2005 wurde an der Michigan Avenue, gleich gegenüber dem mächtigen Backsteinbau des Rathauses, das Arabisch-amerikanische Nationalmuseum feierlich eingeweiht. Die Dauer- und Wechselausstellungen des Museums dokumentieren das Leben der arabischen und muslimischen Einwanderer in den USA. Insgesamt leben heute etwa 4,2 Millionen arabische Amerikaner in den Vereinigten Staaten. Die Zahl der Muslime in Amerika wird auf etwa sechs Millionen geschätzt. Sie kommen aus mehr als achtzig Ländern, zwei Drittel von ihnen wurden außerhalb der USA geboren.

Ron Amen ist Manager des Arabisch-amerikanischen Nationalmuseums, vorher war er 32 Jahre lang Polizist. Er ist Schiit, hat zwei Muttersprachen – Arabisch und Englisch – und wurde in Dearborn geboren. Auch seine Eltern kamen schon in Dearborn zur Welt, es waren die Großeltern, die vor mehr als hundert Jahren vom Libanon nach Amerika auswanderten. Auch Ron Amen hat natürlich von den Übergriffen auf die Geschäfte und Restaurants irakischer Schiiten gehört, und auch er ist schockiert. Vorerst nimmt Ron Amen wie Nabil Hajas vom ramponierten Restaurant »Al Akashi« an, dass es sich um einen Racheakt sunnitischer Iraker für die Hinrichtung Saddam Husseins und seiner Mitstreiter am 30. Dezember 2006 in Bagdad handelt.

Schließlich waren die Jubelfeiern der irakischen Schiiten auf den Straßen von Dearborn am Tag nach der Erhängung Saddams von den amerikanischen Fernsehsendern in die ganze Welt übertragen worden.

»Solche Übergriffe auf Geschäfte und Restaurants hat es hier noch nicht gegeben«, sagt Amen, und als Polizist mit Leib und Seele, der die Stadt wie kaum ein anderer kennt, will er den Vorfällen auch selbst nachgehen. An einen anti-muslimischen Hintergrund will er nicht glauben. Laut Amen schauten die Amerikaner zwar seit den Terroranschlägen vom 11. September 2001 mit einer »Mischung aus erhöhter Aufmerksamkeit und erhöhtem Verdacht« auf ihre muslimischen Mitbürger, aber in Dearborn, wo man auf einer Art arabisch-muslimischen Insel lebe, spüre man den erhöhten Verdacht und das gewachsene Misstrauen kaum. Selbst im East End der Stadt, wo der Bevölkerungsanteil der arabischen Amerikaner heute bei fast sechzig Prozent liegen dürfte und die weißen Amerikaner europäischer Herkunft häufig in der Minderheit sind, seien alle mit ihren neuen Nachbarn aus dem Nahen und Mittleren Osten zufrieden: Wegen des Zuzugs und der regen Nachfrage nach Wohnraum steigen die Haus- und Grundstückspreise; Kebab und Falafel schmecken nicht nur Irakern und Libanesen; ohne die Araber und die Muslime gäbe es keinen anhaltenden Aufschwung in Dearborn, und die Vorstadt sähe aus wie die siechende Metropole Detroit.

Tatsächlich sind die Wohngebiete in East Dearborn mit den Einfamilienhäusern und den hübsch gepflegten Vorgärten, mit den gelben Schulbussen und den F-150-Trucks von Ford auf den Garagenauffahrten so amerikanisch, wie man es sich nur vorstellen kann. Gewiss, man sieht vereinzelt libanesische, jemenitische, irakische, syrische oder auch ägyptische Flaggen vor den Häusern im Wind flattern, aber fast immer ist auch eine – stets größere – amerikanische dabei. Von Übergriffen auf die Moscheen von Dearborn hat man seit den Terroranschlägen vom 11. September 2001 nichts gehört, obwohl es im ganzen Land nach Statistiken der amerikanischen Bundespolizei FBI unmittelbar nach den Angriffen auf New York und Washington zu einer deutlichen Zunahme der sogenannten Hassverbrechen gegen Muslime gekommen ist. Am 15. September 2001 wurde der aus dem indischen Punjab stammende Sikh Balbir Singh Sodhi in Mesa nahe Phoenix im Bundesstaat Arizona mit fünf gezielten Schüssen niedergestreckt, als er die Zierpflanzen vor seiner Tankstelle goss. Ausgerechnet ein Sikh war das erste Opfer eines antimuslimischen Hassverbrechens nach den Anschlägen vom 11. September: Der weiße Mörder Frank Roque hatte Balbir Singh Sodhi wegen seines Turbans für einen Muslim gehalten. Obwohl der Anwalt Roques auf dessen Krankengeschichte mit schizophrenen Zuständen hinwies, verhängte ein Geschworenengericht die Todesstrafe gegen Roque. Erst das Oberste Gericht von Arizona wandelte wegen verminderter Zurechnungsfähigkeit des Täters die Höchststrafe in eine lebenslange Strafe um.

Eine sorgfältige Lektüre der jährlichen FBI-Statistik zu den Hassverbrechen in den USA ergibt aber keineswegs das Bild einer von Misstrauen oder gar von Hass gegen den Islam geprägten amerikanischen Gesellschaft. Die Gesamtzahl der religiös motivierten Hassverbrechen stieg zwar von 1472 im Jahr 2000 auf 1828 im Jahr der Anschläge von 2001; und während 2000 gerade einmal 28 antiislamische Übergriffe verzeichnet wurden, schnellte deren Zahl 2001 vor allem wegen irrationaler Reflexe nach dem 11. September auf 481 empor. Doch schon im Jahr 2002 sank die Zahl der registrierten Hassverbrechen gegen Muslime und deren Einrichtungen auf 155, und sie hat sich seither etwa auf diesem Niveau eingependelt.

Gewiss ist jedes religiös, rassistisch, ethnisch oder sexistisch motivierte Verbrechen eines zu viel, doch mit einer bestimmten Zahl dieser Vergehen wird jede nicht uniforme, multiethnische Gesellschaft leben müssen. In den USA werden – abgesehen vom statistischen Sonderfall im Jahr der Anschläge von »9/11« mit mehr als 1800 registrierten Straftaten – seit Mitte der neunziger Jahre jährlich zwischen knapp 1300 und etwas mehr als 1400 Hassverbrechen mit religiöser Motivation verzeichnet. Davon waren vor den Anschlägen von New York und Washington jährlich jeweils zwischen zwei und drei Prozent gegen Muslime gerichtet. Im Jahr 2001 wuchs der Anteil der antiislamischen Anschläge auf ein knappes Viertel aller religiös motivierten Straftaten und Vergehen.

Seit 2002 ging deren jährlicher Anteil wieder auf jeweils elf bis zwölf Prozent zurück. Die historische Wasserscheide der katastrophalsten Angriffe auf amerikanischem Boden, für die radikale muslimische Terroristen verantwortlich waren, hat also zu einem relativen Anstieg der antimuslimisch motivierten Hassverbrechen von jährlich zwei bis drei auf elf bis zwölf Prozent geführt. Von einer Explosion des Hasses oder von einem Flächenbrand antimuslimischen Ressentiments kann aber nicht die Rede sein. Grundsätzlich blieb die Gesamtzahl der Straftaten aus religiösen Gründen pro Jahr seit 1995 in etwa gleich, sieht man vom Ausnahmejahr 2001 ab.

Eine unrühmliche Spitzenposition unter den religiös motivierten Hassverbrechen nehmen seit 1995 die Juden ein mit einem Anteil von konstant zwei Dritteln bis vier Fünfteln. Für sie brachte nicht einmal das Anschlagjahr 2001 eine »Entlastung«: 1043 antijüdische Verbrechen und Vergehen wurden damals verzeichnet, das lag genau im statistischen Streubereich von gut 900 bis mehr als 1100 antijüdischen Hassverbrechen jährlich seit 1995. Der Umstand, dass die Zahl der Juden und der Muslime in den USA jeweils bei etwa sechs Millionen Menschen und damit bei einem relativen Bevölkerungsanteil von jeweils gut zwei Prozent liegt, vereinfacht den statistischen Vergleich: Juden werden in Amerika nach wie vor wesentlich öfter Opfer von Hassverbrechen als Muslime. Vor den Anschlägen vom 11. September traf es Juden bei religiös motivierten Hassverbrechen dreißig- bis vierzigmal häufiger als Muslime, seither werden sie immer noch sieben- bis achtmal so oft deren Opfer.

Zu einer abschließenden Aufklärung des Vandalismus vom Jahresanfang 2007 an der West Warren Avenue in Dearborn kam es übrigens nicht. Die amtlichen Ermittlungen der Polizei verliefen ebenso im Sand wie die inoffiziellen von Ron Amen. Alles spricht dafür, dass es sich um eine innermuslimische Abrechnung, um einen Ausläufer des irakischen Bürgerkriegs zwischen Schiiten und Sunniten in Dearborn handelte. So wenige Scherben es vor dieser kurzen Aufwallung gegeben hatte, so wenige gab es danach. Weder sah man seither an der Warren Avenue Schmierereien, noch kam es zu Vandalenakten; und in der nur einen Häuserblock entfernten Michigan Avenue waren weder Provokationen oder auch nur Proteste konservativer Muslime gegen die offenkundig gut gehenden Striplokale und Pornoläden zu verzeichnen.

Es ist die Vergewisserung der eigenen muslimischen Identität und der Wille zur Integration in die amerikanische Gesellschaft, deren moralische Verirrungen gleichwohl scharf kritisiert oder zumindest nicht gutgeheißen werden, welche das Leben der meisten muslimischen Zuwanderer und von deren Nachfahren prägen. Die Anschläge vom 11. September sowie das vom Kongress unmittelbar danach in aller Eile ausgearbeitete und am 26. Oktober 2001 von Präsident George W. Bush unterzeichnete Gesetzespaket zur Terrorbekämpfung »Patriot Act« haben diesen doppelten Impuls auf paradoxe Weise noch verstärkt.

In den ersten Monaten danach wurden Hunderte muslimische Männer festgenommen, weil ihre Namen auf Behördenlisten von Terrorverdächtigen auftauchten. In den meisten Fällen erhärtete sich dieser diffuse Anfangsverdacht nicht. Präsident Bush selbst verwendete in der Woche nach den Anschlägen die unglückliche Wortwahl »Kreuzzug gegen den Terrorismus«, nahm den Ausdruck aber wenig später wieder zurück. Zudem versicherte er bei einem Besuch im Islamischen Zentrum von Washington, der größten Moschee der amerikanischen Hauptstadt, am 17. September 2001: »Das Gesicht des Terrorismus ist nicht das wirkliche Gesicht des Islam. Terror hat nichts mit dem zu tun, worum es im Islam geht. Islam ist Frieden. Diese Terroristen stehen nicht für Frieden – sie stehen für das Böse und den Krieg.«

Doch es gab auch weniger konziliante, ja offen aggressive Einlassungen zum Islam von einflussreichen Stimmen der konservativen christlichen Bewegung. Der evangelikale Baptisten-Prediger, Universitätsstifter und Gründer der Lobbygruppe »Moral Majority« der religiösen Rechten, Jerry Falwell, bezeichnete in einem CBS-Interview den Propheten Mohammed als »Terroristen«. Sein Mitstreiter Pat Robertson, Gründer der »Christian Coalition«, beschrieb in seiner religiösen Fernsehshow »The 700 Club« den Islam als »Religion des Hasses« und Mohammed als »Prediger der

Gewalt«. Der einstige Chef des Kommandos für Spezial-
operationen des amerikanischen Heeres, Generalleutnant
William Boykin, sagte über den somalischen Warlord Os-
man Ali Atto, gegen den er im September 1993 in Moga-
dischu im Einsatz war: »Ich wusste, dass mein Gott größer
war als seiner. Ich wusste, dass mein Gott ein richtiger Gott
war und seiner ein Idol.«

Aber so wenig sich pauschal antiislamische Äußerungen
wie diese in eine allgemeine Hetzjagdstimmung oder ein
verbreitetes Gefühl der Bedrohung durch den Islam bei der
nicht-muslimischen Mehrheit übersetzten, so wenig führ-
ten die einzelnen Übergriffe und Hassverbrechen oder auch
das Gefühl der Überwachung und Durchleuchtung auf-
seiten der Muslime zu einer Art Bunkermentalität. Im Gegenteil. Eine repräsentative Befragung von 1050 Muslimen
durch das renommierte Meinungsforschungsinstitut Pew
Research Center in Washington im Frühjahr 2007 erbrachte
überwiegend gute Nachrichten. So sah es jedenfalls der Präsident des Instituts, Andrew Kohut, bei der Vorstellung der
Ergebnisse der Umfrage, und so sahen es auch die meisten
Kommentatoren. Für die bisher umfangreichste repräsentative Studie hatten die Demoskopen ausführliche, oft stun-
denlange Gespräche in den Sprachen Englisch, Arabisch,
Farsi und Urdu geführt.

Im Vergleich zu den 15 bis 20 Millionen Muslimen in
westeuropäischen Staaten lassen sich bei den etwa sechs
Millionen Muslimen in den USA signifikante Unterschiede
beim Grad der Integration in die Gesellschaft, bei der sozio-
ökonomischen Lage und auch beim Blick in ihre Zukunft
feststellen. Im Ganzen haben die amerikanischen Muslime
ein positives Bild von der Gesellschaft, in der sie leben. Die
meisten sagen, die Städte und Gemeinden, in denen sie

wohnen, seien ausgezeichnete oder gute Orte zum Leben. 71 Prozent äußern volle Zustimmung zu der Einschätzung, dass man in der amerikanischen Gesellschaft vorankommen und sozial aufsteigen könne, wenn man zu harter Arbeit bereit sei.

Obwohl die eingewanderten Muslime in den Vereinigten Staaten im Vergleich zu anderen Immigrationsgenerationen wie den Iren, Italienern, Skandinaviern oder Deutschen Neulinge sind, weisen sie einen hohen Grad an Integration und auch Assimilation auf. Die Mehrheit äußert die Ansicht, muslimische Einwanderer sollten sich in die amerikanische Gesellschaft integrieren, anstatt zurückgezogen zu leben. Auf die Frage, ob es möglich sei, ein strenggläubiger Muslim zu sein und in einer modernen Gesellschaft wie der amerikanischen zu leben, antworteten 63 Prozent der Befragten mit Ja, während 32 Prozent gegenteiliger Ansicht waren.

»Die muslimische Bevölkerung in den Vereinigten Staaten gehört zum größten Teil zur Mittelklasse, ist assimiliert und glücklich mit ihrem Leben und nimmt eine gemäßigte Haltung zu zahlreichen Streitfragen ein, welche Muslime und den Westen in aller Welt spalten«, fasst Andrew Kohut die Ergebnisse der Befragung des Pew Research Centers und amerikanischer Meinungsforschungsinstitute zur Lage der Muslime in den USA überhaupt zusammen. Es gäbe aber auch besorgniserregende »Nester der Sympathie für Extremismus«, beklagt Kohut. Während nur sechs Prozent der älteren Muslime sagen, Selbstmordattentate seien unter gewissen Umständen gerechtfertigt, sind ein Viertel der Muslime unter dreißig Jahren dieser Ansicht. Das ist dennoch ein viel geringerer Anteil als unter der jungen muslimischen Bevölkerung in westeuropäischen Staaten oder auch

in muslimisch geprägten Staaten im Nahen Osten. In Groß-
britannien und in Spanien äußerten bei Vergleichsumfragen
jeweils ein Viertel aller Muslime die Ansicht, Selbstmordattentate könnten unter bestimmten Umständen gerechtfertigt sein, in Frankreich war es sogar ein Drittel.

Insgesamt hat mehr als die Hälfte der amerikanischen
Muslime eine sehr negative Ansicht über das Terrornetz Al-
Qaida, unter den schwarzen Muslimen in den USA sind es
aber nur 36 Prozent, die den Terror von Al-Qaida katego-
risch ablehnen. Amerikanische Medien berichten zwar seit
längerem unter Berufung auf Informationen der Bundespolizei FBI, dass Al-Qaida besondere Bemühungen unter-
nehme, unter jungen schwarzen Muslimen in den USA
Sympathisanten und potenzielle Selbstmordattentäter zu
rekrutieren. Doch bisher haben diese Bemühungen offenbar wenig gefruchtet.

Generell spielt für jüngere Muslime in den USA der Islam
eine wichtigere Rolle in ihrem persönlichen Leben und ist
ein bedeutenderes Element bei ihrer Identitätssuche als bei
älteren Muslimen, die in der überwiegenden Mehrzahl zufrieden ihren Platz im »American Way of Life« gefunden zu
haben scheinen. Ein großer Anteil der befragten Muslime
gab an, viele enge nicht-muslimische Freunde zu haben. Der
verbreitete wirtschaftliche Erfolg der Muslime in Amerika
unterscheidet sie deutlich von der Mehrheit der Muslime in
europäischen Ländern, vor allem in Frankreich und auch in
Deutschland, wo Muslime im Durchschnitt wesentlich weniger verdienen als die Bevölkerung insgesamt. In den USA
leben die meisten Muslime verstreut in Suburbia, den ausge-
dehnten Einfamilienhaus-Siedlungen der Mittelklasse. Ver-
armte muslimische Wohnghettos wie in den Sozialbausied-
lungen französischer Großstädte gibt es nicht in den USA.

Das hängt auch mit dem im Durchschnitt höheren Bildungsstand der Muslime in Amerika zusammen. Entweder werden junge Muslime – vom Nahen Osten bis nach Südasien – von ihren wohlhabenden Eltern zum Studium in die USA geschickt, und sie finden dann in Amerika ihr Glück und kehren nicht nach Hause zurück. Oder es kommen bereits ausgebildete Akademiker aus muslimisch geprägten Ländern in die USA, weil sie in ihrem Land keine Aufstiegschancen sehen: So sehr der »brain drain« den Entwicklungs- und Schwellenländern der muslimisch geprägten Welt schaden mag, so sehr profitiert das Einwanderungsland Amerika von diesem Zufluss. Schließlich befördert die große Verschiedenheit der amerikanischen Muslime deren Integration. Sie kommen aus mehr als achtzig Ländern, während die meisten muslimischen Einwanderer in Frankreich aus Algerien und aus Marokko stammen – was wiederum die Abschottung von einer als wenig freundlich empfundenen Außenwelt fördert.

John Green, Religionsexperte des Pew Research Centers, sieht aber auch spirituelle Gründe. Für praktizierende Muslime – und eine Mehrheit der amerikanischen Muslime praktiziert ihren Glauben – erscheint die amerikanische Gesellschaft »viel offener für den Ausdruck religiöser Empfindungen als das stärker säkularisierte Europa«. In Europa finden sich praktizierende Muslime in einer doppelten Außenseiterrolle: Sie praktizieren einen fremden Glauben, und sie praktizieren überhaupt einen Glauben. In Amerika dagegen leben praktizierende Muslime unter lauter praktizierenden Gläubigen anderer, meist christlicher Religionen; zudem sichert ihnen der Verfassungsgrundsatz der strikten Trennung von Staat und Kirche (Moschee, Synagoge, Tempel), dass ihr muslimischer Minderheitsglaube nicht schlechter behandelt wird als jener der christlichen Mehrheit. »Ein Muslim mag sich vom offiziellen Protestantismus oder Katholizismus in einem bestimmten Land durchaus unterdrückt oder beunruhigt fühlen, oder er mag sich von seinen nicht-religiösen Nachbarn ausgegrenzt fühlen«, stellt Green mit Blick auf die Erfahrung vieler Muslime in Europa fest. Und er fährt fort: »Zwar mögen viele Amerikaner dem Islam widersprechen oder Zweifel hegen über ihre muslimischen Nachbarn. Aber sie würden nie das Recht eines Muslims in Zweifel ziehen, seinen Glauben zu praktizieren.«

Diesen Befund bekräftigt aus eigener Lebenserfahrung Sayid Hassan Al-Qazwini. Qazwini, Spross einer bedeutenden Dynastie schiitischer Geistlicher aus Kerbela und Nadschaf im Mittelirak und dazu ein Nachfahre der Familie des Propheten selbst, kam 1992 in die USA und ist heute der leitende Imam der größten Moschee Nordamerikas, des »Islamischen Zentrums Amerikas« an der Ford Road 19500 in Dearborn. Die »Mega-Moschee« und das Veranstaltungszentrum mit der mächtigen goldenen Kuppel und den Zwillingsminaretten wurden im März 2005 feierlich eingeweiht. Einige Monate später öffneten die Bücherei und die muslimische Schule ihre Pforten. Mehr als 15 Millionen Dollar haben die schiitischen Muslime von Dearborn und Detroit und von ganz Amerika aufgebracht, um sich den Traum vom würdigen Gotteshaus zu erfüllen. Die handgemachten Mahagoni-Türen kommen aus der Türkei, die Kandelaber aus Ägypten, der Granit für Böden und Wände wurde aus Brasilien und Indien herbeigeschafft, das Material für die Kuppel schließlich stammt aus Mexiko. »Alles in allem ein passendes Monument für die muslimische Hauptstadt des Westens«, sagt Qazwini und weist sogleich auf die Nachbarschaft seines »Islamic Center of America« hin: Ein paar hundert Meter weiter stadtauswärts an der Ford Road steht eine armenisch-katholische Kirche, das Nachbargrundstück stadteinwärts belegt eine griechisch-orthodoxe Kirche. Nicht zufällig heißt die Ford Road von Dearborn, wo sich ein Gotteshaus an das nächste reiht, im Volksmund »Altar-Allee«.

So sei Amerika, erklärt Qazwini, wo man anders als in Europa den Verfassungssäkularismus nicht als gegen die Religion gerichtet verstehe, sondern als der Religion gegenüber neutral. »Wenn man Jude ist«, sagt Qazwini, »kann man die größte Synagoge bauen – und keiner kann es einem verbieten. Wenn man Christ ist, kann man die größte Kirche bauen. Wenn man Muslim ist, kann man die größte Moschee bauen – und niemand kann dich daran hindern. Und wenn man Atheist ist, kann man das größte Casino bauen!«, lacht Qazwini. Ein Casino werden er und seine wachsende Gemeinde sicher nicht bauen, aber sie müssen bald an einen Ausbau der schmucken neuen Moschee und des Islamischen Zentrums denken, die schon jetzt aus allen Nähten platzen.

»Die Vereinigten Staaten sind das religiöseste Land unter den westlichen Demokratien«, sagt Qazwini, und dieser Befund gefällt dem 1964 in Kerbela geborenen muslimischen Gottesmann ausgesprochen gut. Wenn das Pew Research Center 2006 über den Glauben in Amerika ermittle, dass heute wie bei einer vergleichbaren Umfrage vor vierzig Jahren rund 96 Prozent der Amerikaner sagen, sie glaubten an Gott, dann findet dies Qazwinis ungeteilte Zustimmung: »Hinter solchen Statistiken verbergen sich Tausende Kirchen, in denen es von Mitgliedern wimmelt – das Gegenteil von den musealen Kathedralen, die ich in Europa besucht habe.« Dieser starke Glaube an Gott garantiere »Amerikas fortgesetzte Bedeutung«, meint er und versichert, auch deshalb »lieben die Menschen im Nahen Osten im Großen und Ganzen Amerika«. Nicht umsonst sei der Islam seit den neunziger Jahren die am schnellsten wachsende Glaubensgruppe in den USA und dürfte schon heute vor dem Judentum die zweitgrößte Religion nach den christlichen Glaubensgemeinschaften sein. Das Wachstum ist der fortgesetzten Einwanderung aus muslimisch geprägten Staaten Südasiens und des Nahen Ostens geschuldet, dazu der relativ hohen Geburtenrate in muslimischen Familien auch in den USA sowie schließlich den Konversionen zum Islam, die auf jährlich 25 000 geschätzt werden. Zumal unter den schwarzen männlichen Gefängnisinsassen gibt es seit den Frühzeiten der schwarzen »Nation of Islam« eine seit nunmehr sechs Jahrzehnten währende Tradition der Übertritte zum Islam.

Dass die Terroranschläge vom 11. September 2001 die Muslime Amerikas – vor allem die arabischen Muslime – bei ihrem Ringen um Anerkennung, Respekt und Vertrauen »um Jahrzehnte, möglicherweise um eine Generation« zurückgeworfen haben, steht für Imam Qazwini außer Zweifel. Dabei könnten die Flugzeugentführer der Anschläge von New York und Washington »nicht für sich beanspruchen, Nachfolger des Propheten zu sein«, urteilt der Imam – ebenso wenig wie Aufständische und Terroristen in Afghanistan, im Irak und anderswo, wenn sie bei Anschlägen rücksichtslos Zivilisten ermordeten. Dass von den 2937 Toten der Anschläge des 11. September 358 Muslime gewesen seien, sei für sich schon der »klarste Beweis des Verrats am Islam« durch die 19 Attentäter.

Doch Qazwini führt keine in Selbstmitleid erstarrte Klage über die negativen Folgen der Anschläge für die Muslime in den USA. Stattdessen sucht er in der Geschichte der Schwarzen und der Juden Amerikas nach Inspiration für das Ringen der Muslime um volle Teilhabe an der amerikanischen Gesellschaft. »In Gedanken, Taten und Worten müssen die Muslime beginnen, das Schwungrad in die andere Richtung zu drehen und aus Amerika ein pro-muslimisches Land zu machen – so wie die Juden aus Amerika ein pro-jüdisches Land gemacht haben«, sagt Qazwini. Dazu müssten Amerikaner mehr über den Islam erfahren, und die Muslime müssten mehr Verantwortung in der amerikanischen Gesellschaft übernehmen und »ihre Liebe zu Amerika lautstark zum Ausdruck bringen«. Mehr amerikanische Muslime sollten sich um gewählte Ämter bewerben, um Posten in Gemeinde- und Stadträten, in den Parlamenten der Bundesstaaten und im Kongress in Washington, sie sollten Bürgermeister und Richter werden. Dies sei die »wahre Bedeutung von Loyalität« mit dem ererbten oder gewählten Heimatland: »Du musst das Land, das dich respektiert, noch mehr respektieren.«

Tatsächlich ist der von Qazwini bemühte Vergleich mit den amerikanischen Juden und deren Rolle im öffentlichen Leben der USA besonders schlagend, wenn man die Zahl der jüdischen Kongressmitglieder mit jenen der Muslime im Kapitol vergleicht. Die Zahl der Juden in Amerika wird auf vier bis sechs Millionen geschätzt, damit haben sie wie die rund sechs Millionen Muslime einen Anteil von etwa zwei Prozent an der Gesamtbevölkerung der USA von jetzt mehr als 300 Millionen Menschen. Vor den Präsidenten- und Kongresswahlen vom November 2008 gab es 43 jüdische Mitglieder des Kongresses – dreißig von 435 Abgeordneten im Repräsentantenhaus, und im Senat waren gar 13 der insgesamt 100 Senatoren Juden. Zum Vergleich: Im November 2006 wurde der schwarze Konvertit Keith Ellison aus Minneapolis im Bundesstaat Minnesota als erster Muslim in der Geschichte in den Kongress gewählt. Bei einer Nachwahl im März 2008 gelang André Carson, einem weiteren schwarzen Konvertiten aus Indianapolis in Indiana, als zweitem Muslim der Sprung ins Repräsentantenhaus.

Qazwini fördert einen aufgeklärten Islam, den er als »farbenblinde Religion« versteht, die niemanden nach Herkunft, Aussehen oder auch Geschlecht beurteilt, sondern allein nach Nähe und Gefolgschaft mit Gott. In den Moscheen will der Imam am liebsten die Trennung der Bereiche für Männer und Frauen aufgehoben sehen. Stattdessen wünscht er sich in den islamischen Gotteshäusern Einrichtungen für die Kinderbetreuung, damit die Frauen ungestört von ihren Aufsichts- und anderen Alltagspflichten dem Gebetsruf folgen können – ein Privileg, das die muslimischen Männer seit Menschengedenken für sich in Anspruch nehmen. Den schiitischen Islam versteht Qazwini als Lehre, »dass wir alle freie Menschen sind, deren Fähigkeit zur Entscheidung von Gott kommt: Wir können Gutes tun und Gottes Lob dafür ernten – oder Böses und dafür Gottes Zorn auf uns ziehen«. Religion bedeute deshalb »wenig ohne den Willen, sie aus freien Stücken anzunehmen oder abzulehnen«.

Mit seinem flammenden Bekenntnis zum Glauben an Gott und an dessen Geschenk der Freiheit hat Qazwini, der nach vielen Jahren Exil in Kuwait und Iran nach Amerika eingewandert ist, das »amerikanische Credo« mühelos vom Christlichen ins Muslimische übersetzt. An den 6. Dezember 1992 erinnert sich Qazwini, als sei es gestern gewesen: Es war der Tag, an dem er gemeinsam mit seiner Frau und den beiden Söhnen nach 25 Stunden Flug aus Dubai über

London in Los Angeles eintraf, wohin der Vater schon vor Jahren vor den Häschern Saddam Husseins geflohen war. Für die junge Familie war es die erste Reise nach Amerika überhaupt. Der Grenzbeamte drückte einen roten Stempel in die irakischen Pässe der Qazwinis und winkte die Familie mit Worten durch, die Sayid Hassan Al-Qazwini damals überraschend in den Ohren klangen: »Welcome home!«

Inhalt